怖い家

伝承、怪談、ホラーの中の家の神話学

沖田瑞穂

原書房

怖い家

目次

はじめに

アンデルセンの名高い作品に「マッチ売りの少女」がある。年の暮れ、雪の舞う中、少女が裸足で歩いている。マッチを売らなければならないが、誰も買ってくれない。家に帰れば父親にぶたれる。少女は物陰にすわりこみ、少しでも暖をとれるかと、マッチを擦った。すると鉄のストーブの幻影が見え、少女はひと時、暖かさを味わった。しかしマッチの火が消えると、ストーブも消え去った。もう一本、マッチを擦った。少女が次に見たのは、温かい家の中だった。テーブルには白いクロスがかかり、ガチョウの丸焼きが載っている。しかしマッチの火が消えると、幻影も消え去った。

次にマッチを擦ると、大好きだったおばあちゃんが現れた。少女はおばあちゃんとともに、天に昇って行った。あとには冷たくなった少女の亡骸が残されていた。[1]

1　天沼春樹訳『アンデルセン傑作集　マッチ売りの少女／人魚姫』新潮文庫、二〇一五年、一〇一～一〇六頁を参照した。

少女がマッチを擦ると現われたのは、「温かい家」だ。それは少女が心底求めたものであろう。現実の家は父親の暴力が支配している。だから、幻の中で幸福な「温かい家」を見たのだ。人はこのように、安心できる温かい家を求めるものだ。

ところが同時に家は、「怖い」ものでもある。グリム童話の「トルーデおばさん」では、生意気で親の言うことを聞かない娘が、親の反対を押し切ってトルーデおばさんの家に行く。しかしおばさんは魔女なので、娘を丸い棒に変えて火の中に放り込んで、明かりにしてしまった。

この場合の家は、恐ろしい魔女の家で、そこに入った娘はあっけなく殺されてしまった。そこには「温かい家」とは逆の「恐ろしい家」が表わされている。

世界の神話や昔話などの伝承や、現代のフィクション作品には、家を題材にしたもの、家の怪異を描くものが多く見られる。一体、人々にとって家とは何なのか。安住の場所なのか。怪異が同居する恐ろしい場所なのか。女性にとっての家とは。男性にとっての家とは。

本書では、そのような「家」の持つ多様な意味を、神話から現代までの物語を題材に、考えていきたい。

※本書では、さまざまな神話や物語を、できるだけ忠実に伝えることを心がけている。神話に関しては、冗長なように思われても、「生の神話」を伝えることにこだわった。また、神話や物語そのものに「語らせる」というのが筆者の手法である。そのような本書の性質上、とくに現代の物語に関して詳細に検討するために、結末を含む内容が記されていることにご注意いただきたい。

序章
怪異が出現する家

家にはさまざまな想いがひしめく。そこは人々が住み、出かけては帰ってくる場所だ。しかしそこにはまた、実際にはいないはずの存在も棲みついていることがある。幽霊や、怪異だ。家には一体何が「いる」のか。神話や昔話から現代まで、家の「怖い話」を見ていくことにしよう。

外から入ってくる――玄関と勝手口

まずは、家の外から中に入ってくる怪異を見てみよう。安全だと思っていた家に、玄関から忍び寄るモノ。そんな話の代表例が、「メリーさんの電話」という都市伝説だ。

ある少女が、幼いころ大事にしていたメリーさんという外国製の人形をゴミ捨て場に捨てた。すると少女のもとに電話がかかってきて「わたしメリーさん。今ゴミ捨て場にいるの」と言う。電話を切ってしばらくするとまたかかってきて、「わたしメリーさん。今タバコ屋さんの前にいるの」と、家までの距離が縮まっている。電話を切ってまたしばらくすると着信があり、「わたしメリーさん。今あなたの家の前にいるの」と言う。少女は玄関を開けて確認するが誰もいない。部屋に戻ろうとするとまた着信がある。「わたしメリーさん。今あなたの後ろにいるの」。[1]

手放した人形が怪異となって少しずつじわじわと近づいてきて、家の中に入ってくる。ついにはすぐ「後ろ」に人形がいる。そのあと少女がどうなったかは、分からない。この「後ろ」というのは、死霊や怪異を語る上での一つのキーワードであるが、そのことは少しあとで取り上げたい。

小説では、小野不由美の短編「雨の鈴」に、雨の日に現われてやはり玄関から家に入ってくる女の魔物の話がでてくる。

雨の日の昼間に、和装の喪服の女が鈴をちりん、と鳴らしてやってくる。家の玄関から

1　朝里樹『日本現代怪異事典』笠間書院、二〇一八年、三七八頁を参照した。

入ってきて、家人に心当たりのないお悔やみの言葉を述べて去っていく。するとその家には近く死者が出るのだ。ただしこの女は道を直進することしかできない。そして行き着いた家に入っていく。道が行き止まりになると、道なりに曲がって進むのだという。[2]

女が訪れるから死者が出るのか、死者が出ることの前触れとして女が訪れるのかは分からない。女がやって来た家では、誰かが死ぬので家族が泣いて過ごすことになる。この中の誰かが死ぬのだ、と。この女は何らかの魔物であろう。幽霊というには実体がありすぎる。静かな恐怖をじわじわと感じさせる話だ。

澤村伊智の『ぼぎわんが、来る』[3]に出てくる怪物も、玄関からやって来る。やって来て家人の名を呼ぶ。答えてはならない。もし勝手口に来られたら、おしまい。この怪物は家庭の女性の不満を糧にあらわれるという。

三津田信三の「よびにくるもの」[4]では、この世ならざるものによって、しつこく外部から家が脅かされる。一軒家の玄関に何者かがやって来て呼び鈴を鳴らす。しかし外には誰もいない。ある日夫人がひとりでいる時にまた「それ」がやって来てしつこく呼び鈴を鳴

2　『営繕かるかや怪異譚』角川文庫、二〇一八年所収。初出二〇一四年。
3　角川書店、二〇一五年。
4　『逢魔宿り』角川書店、二〇二〇年所収。

らす。夫人が居留守を使っていると、今度は勝手口がノックされる。玄関から「それ」が勝手口に回ってきたのだ。ノックは、夫が帰宅するまで続いた。

『ぼぎわんが、来る』にしても、「よびにくるもの」にしても、怪異は勝手に玄関を通過して家の中に入ってくることはできないようだ。家の中と外、そこには怪異にとって「結界」ともいうべきものがあり、家人の手引きなしには入れない、という共通理解が存在しているかのようである。

古い家の怪

家のなかでもとくに、使われなくなった古い家に何かがいる、という話が平安時代の説話集『今昔物語集』に見られる。二つある。まずは古い寺の話だ。

東国から男が妻とともに京にのぼってきた。予定していた宿に泊まれなくなり、困っていると、だれも住まなくなった川原院というところを貸してもらった。男と妻、従者は数日そこに留まっていたが、ある夕暮れ、男が使っている部屋の後ろの方にある妻戸が内側から突然押し開けられ、正体の分からないものがすっと手をだして妻をつかみ取って妻戸の奥に引き入れた。夫が急いでかけよったが、戸はすぐに閉じてしまい、どうしても開かなかった。

夜になり、人を集めて、斧で戸を叩き開けた。妻は、傷ひとつなく、竿にかけられたまま死んでいた。人々は「鬼が吸い殺したのであろう」と言い合った。[5]

これと同型の話として、同じ『今昔物語集』に古いお堂に泊まった恋人たちの怪異譚もある。

男が女と逢引のためにお堂に泊まった。寝物語などしていると、真夜中に、お堂の後ろの方に火の光があらわれ出た。次に召使の少女があらわれ、続いて一人の女房が姿をあらわした。女房は少し離れた場所に座って、「わたしはここの主であるが、なにゆえ断りもなく入ってきたのか」と言う。「出て行ってください」と言われ、男と女は慌てて

5　巻第二十七、第十七。武石彰夫『今昔物語集　本朝世俗篇』（下）、講談社学術文庫、二〇一六年、六五～六六頁を参照した。

出ていったが、のちに、女の方は死んでしまったという。[6]

二つの話に共通しているのは、「後ろ」から怪異が現れたとする点だ。この場合のような「後ろ」は、日本神話の『古事記』に出てくるイザナキの話に通じるところがある。原初の神イザナキは死んだ妻のイザナミを迎えに黄泉の国に行くが、醜く変わり果てた妻の姿を見て逃げてしまう。イザナミに命じられて、ヨモツシコメという黄泉の国の女の鬼たちが追いかけてくると、イザナキは後ろに櫛や髪飾りを投げる。するとそれが葡萄や筍に変わって、追手を阻んだ。イザナキは呪術的な所作として所持品を「後ろ」に投げたのだ。

「後ろ」に関しては、渡辺衆介による研究がある。葬式で棺を家から出す時、家の後ろをぶち抜いて出すという福島県の事例や、焼き場で兄弟が餅を引き合ってちぎった餅をできるだけ遠く後ろへ投げるという山形県の事例などがあることから、「後ろ」というのが死霊のはびこる場所であり、したがって「後ろ」にまつわる儀礼は死霊との絶縁が目的となっているのだという。[7]

6　『今昔物語集』巻第二十七、第十六。武内、前掲書、六一〜六四頁を参照した。
7　「後戸」と「後の方」」『日本文学』三五（九）、一九八六年、四二一〜四九頁。

「後ろ」は死霊の領域であり、そこから霊や魔物が現れる。だから後ろを振り返って見てはならない。そこで葬送儀礼なども後ろを意識して行われるのだ。本章冒頭の人形のメリーさんも、怪異としてふさわしい場所に最終的に現れたというわけだ。

「後ろ」といえば、有名なわらべ歌がある。誰もが知っている、この歌だ。

かごめかごめ　籠の中の鳥は　いついつ出やる　夜明けの晩に　鶴と亀が滑った　後ろの正面だあれ?

私が子どもの頃にもこの遊びがあった。「鬼」が目を両手でかくしてしゃがむ。その周りを子どもたちが手を握って囲み、歌をうたいながら回る。そして「後ろの正面だあれ?」のところで止まり、「鬼」は後ろにいる子どもの名前を当てなければならない、というものだった。

歌自体の意味もはっきりせず、謎が多いわらべ歌であるが、「後ろ」というものの不気味さが醸し出されており、もしかすると後ろにいるのは知らない誰かかもしれない、という不安にも駆られる。「鬼」は真ん中の子ではなく、むしろ「後ろの子」なのではないか。

「後ろ」は死霊の領域なのだ。

住みついている

家の外から内へ入ってくる怪異、そして古い家に住む怪異を見てきたが、実際に人が住んでいる家に現れる怪異も多い。小松左京の短編「くだんのはは」[8]を見てみよう。

昭和二〇年の戦時中、主人公で語り手の旧制中学生・良夫は父とともに阪神間の空襲で焼け出された。かつての家政婦であるお咲の紹介で、ある屋敷に住まわせてもらうことになる。父は不倫相手のアパートへ逃げていったので、良夫一人で住みこむことになった。その家に住んでいるのはお咲と、病気にかかっていて姿を見せない女の子、その母である「おばさん」だけだ。ところがその家で、夜に、良夫は誰かが泣いているのを耳にする。甲高い、か細い声であった。

日を追うごとに深刻になる戦争の状況とは裏腹に、屋敷は静かであった。おばさんは時々予言と思われるような不思議なことを口にした。やがて八月一五日、終戦の日がやって来

8 「話の特集」一九六八年一月号初出。

丹後倉橋山の件を描いた天保七年の瓦版、徳川林政史研究所蔵

た。良夫は予言のせいで負けたのだと怒りにかられて、入ってはいけないと言われていた座敷に入り、隠されていた病人を見てしまう。そこにいたのは、身体つきは二三、四の女の子、ただし頭が牛であった。その口からは、かつて耳にしたか細い泣き声が発せられていた。おばさんが後ろからやってきて、「その子は『くだん』だ」と言う。大凶事の前に生まれ、凶事が終わると死ぬが、その間凶事に関する予言をするのだという。おばさんに黙っておくように言われ、そうしてきた良夫であったが、やがて生まれた彼の娘の頭にもまた、二本の角があった。[9]

「くだんのはは」のくだんは座敷で大切に隠されている家の怪物ということだが、予言をする

9　朝宮運河編『家が呼ぶ　物件ホラー傑作選』ちくま文庫、二〇二〇年所収を参照した。

という点で、怪物よりも神的存在に近いものとみなすこともできる。

件という怪異は一般に、半牛半人で生まれてすぐに予言をして死ぬとされる。その予言は必ず当たるのだという。多くは人面牛身だが、牛面人身とする場合もある。小松左京の「くだんのはは」は牛面人身のタイプだ。牛から生まれるとする場合が多いが、まれに人から生まれることもあるとされる。主に西日本に分布する怪異であるので、本作の舞台が阪神のあたりであることも納得がいく設定である。[10]

小松左京の描く「くだん」は座敷に隠されていたが、座敷と言えば、東北地方などに伝わるザシキワラシもまた、座敷の妖怪である。童子の姿をしており、ある家の奥座敷に棲みついている。奥座敷とは客人を招き入れる場所であり、そこに棲みつくザシキワラシもまた客神である。ただし気分を損ねたり、家に衰退の兆しが見られれば去っていく。それまで家の者にしか見られなかったザシキワラシが、家の外に出ていくのが発見される、という話は象徴的だ。その家だけの存在ではなくなったことを表しているからだ。[11]

10　小松和彦監修『日本怪異妖怪大事典』東京堂出版、二〇一三年、「くだん」の項目を参照した。
11　小松和彦監修『日本怪異妖怪大事典』「ざしきわらし」の項目を参照した。

このザシキワラシと同じ働きをする怪異が、中国でも知られている。『捜神記』に記される「屋敷神」だ。

臨川県（江西省）の陳臣は大金持ちであった。ある日のこと、彼が書斎に座っていると、屋敷内には竹の茂みがあったのだが、その中から、白昼突然、身の丈一丈あまりの恐ろしい顔をした男が姿を現した。そしてずかずかと近寄ってきて、陳臣に話しかけた。「わしは永年この家に住んでいたが、きさまは一向に気がつかなかった。今、きさまと別れることになったので、そのことを知らせておく」

その男が姿を消してから一月ほどの間に、屋敷から火が出て大火事となったり、下男や下女が突然死んだりの不幸が続き、一年の間にすっかり落ちぶれてしまった。[12]

その怪異が家や庭に住んでいる間は裕福である。しかしある時その怪異が家から離れるとたちまち没落する、という構造が日本のザシキワラシと同じなのだ。「富を移動させる怪異」である。富は、一方から他方へ流れていくもので、滞留しないもの、との観念

12　伊藤清司『中国の神話・伝説』東方書店、一九九六年、八五～八六頁を参照した。

が見て取れる。このことは、第1章で詳しく考察する。

怖いイエ

富の移動という点では、憑き物筋もザシキワラシなどと同様にとらえられることが小松和彦によって指摘されている。[13] 憑き物筋とは本来個人に憑いていた狐や狸、犬などの霊が、その個人の属する家系に憑いて福をもたらすというものだ。憑き物筋とされる家はあるとき突然裕福になるなどして周囲から孤立するため、村落において差別的な扱いを受けることが多いという。「出る釘は打たれる」の論理であるとされる。[14] そのことを、小松は次のように説明している。

まず、「憑きもの」を飼っている家、あるいはついている家と評判されることは、社会的に不面目・不名誉なことであり、社会生活の面でいろいろの障害が生じることに

13 『憑霊信仰論』講談社学術文庫、一九九四年。
14 小松、前掲書、一〇二頁。

なるという観念が民俗社会に存在していることが、一つの前提として指摘できる。それを支えているのが、「憑きもの」を用いることは邪悪なことであり、善良な人間がすべきことではないという信仰であると考えられる。したがって、「憑きもの」を所有していると噂されることは、本人にとって好ましくないことであるわけであるから、「憑きもの」の家筋というレッテルを貼ることは、超自然的存在の名を借りた、一種の、富者への社会的制裁を意味している。[15]

この場合の怖さは、家という建物ではなく、家系としての「家」、本書では「イエ」と表記することにするが、そのイエに対してかけられた、一種の呪いであるというところにある。このことについては、第5章で詳しく考えていくことにする。

ロシアの家の怪異・ドモヴォイとキキーモラ

家に棲みつく怪異としては、ロシアに事例が多い。ドモヴォイとキキーモラだ。ドモヴォ

15　小松、前掲書、九六頁、傍点ママ。

ドモヴォイ、イヴァン・ビリビン画、1934年。

イは祖霊と結びついた妖怪、キキーモラは死神の側面が強い妖怪だ。まずはドモヴォイの話を見てみよう。

ドモヴォイとは「家（ドム）に棲むもの」の意で、家族の健康や幸福を守る福の神に近い存在として人々に親しまれている。家の中の闇に住まうとされており、近代の明るすぎる家には住めない。ドモヴォイは住み慣れた家が好きなので、自分から離れていくことはない。引っ越しをするときには、ドモヴォイに事情を話して一緒に来てもらわなければならない。さもないと、怒ったドモヴォイに首を絞められるのだという。[16]

16　斎藤君子『ロシアの妖怪たち』大修館書店、一九九九年、一二六〜一五二頁を参照した。

ドモヴォイの姿は男の老人であることが多いようだ。

家に棲む女の妖怪がキキーモラだ。キキーとは「鳥」の意、モラは古代スラヴの神話に現われる死神の名である。雄鶏のように鳴いて死を悼む死神だという。姿は老女で、ぼろ布をまとい、髪を振り乱している。ある新居では、キキーモラが現われてうめき声をだし、テーブルにつくと「テーブルから離れろ！」と言われ、暖炉の上からものを投げつけられたりして、家人を追い出してしまったのだという。[17]

キキーモラ、イヴァン・ビリビン画、1934年。

17 斎藤、前掲書、一五四～一五五頁を参照した。

「見るなの禁」と境界

座敷の話にもどると、よく知られた不思議な座敷の話がある。「見るなの座敷」あるいは「鶯の浄土」と呼ばれる昔話だ。

昔、村の祭りの日に、かわいらしい娘がお宮参りにやってきていた。やがて祭りが終わって娘は帰路についたが、その後を一人の若者がつけて行った。娘は立派な屋敷に入って行った。若者が「道に迷ったから一晩とめてくれ」と頼むと、娘は「うちには私一人だけど、どうぞ泊まっていってください」と言って、いろいろとごちそうを出してくれた。次の日、娘は若者にこう言った。「私はこれから用事で出かけてきますので、留守番をお願いします。屋敷の奥に座敷が一二あります。そのうち一一までは好きに見てくれて構いませんが、一番奥の一二番目の座敷だけは決して見てはいけません」。

若者は留守番をしながら座敷が見たくなって、順に戸を開けて見ていった。それぞれの座敷には、一月は正月の景色、という具合に「季節」が入っていた。とうとう若者は最後の一二番目の座敷が見たくて仕方がなくなり開けてしまった。するとその座敷には梅の木があり、一羽の鶯が飛んでいた。若者が見とれていると娘が帰って来て、「あれだけ見るなと言ったのに、見ましたね」と言うと、鶯になって飛び去った。立派な屋敷もすぐに消え去り、気づくと若者は山の谷底でぼんやりしていた。（新潟県）[18]

見てはいけない座敷に入っていたのは、女の「正体」だったのだ。「見てはならない部屋」という点では、男女の役割が反転しているが、ペローの「青髭」も同型の話だ。

昔、とても金持ちの男がいた。この男には青髭が生えていて、ひどく恐ろしげだったので、どんな女も娘も逃げ出さずにはいられなかった。その上、その男は過去に何度も結婚していたのに、その妻たちがどうなったか分からないのであった。隣人の一人に身分の高い婦人がいて、その二人の娘のうち妹が青髭と結婚することを承諾した。案外社交的な紳士だ、と妹娘は思ったのだった。

一か月が経ち、青髭は、六週間ほど出かけてくるからと言って、家じゅうの鍵を妻に渡

18　稲田浩二編『日本の昔話』（上）ちくま学芸文庫、一九九九年、九五〜九七頁を参照した。

青髭。ギュスターヴ・ドレによる挿絵、1862年

した。しかしそのうちの一つ、ある小部屋にだけは、決して入ってはいけないと、きつく言い渡した。

妻は夫が出かけると、友人たちを招いてぜいたくな暮らしを自慢したが、心はあの小部屋のことでいっぱいだった。どうしても我慢できず、震える手で鍵を開けてみた。中は、床は一面血で覆われ、壁には数人の死んだ女の身体がくくりつけられている。青髭の妻だった女たちだ。妻は慌てるあまり鍵を床に落としてしまった。

自室に帰り、鍵についた血をぬぐおうとするが、鍵には魔法がかかっていて、どうしても血の跡が消えない。そのうちに夫が帰ってきて鍵を返すように言う。それで妻が小部屋に入ったことが分かると、青髭は妻に、「あなたもあの部屋に入るがよい」と言って殺そうと迫ってくる。妻は、お祈りの時間をくださいと言って二人の兄の助けを待った。時間を稼いでいるうちに兄たちが家にたどり着き、青髭を殺害した。青髭の遺産を引き継いだ妻は再婚して幸せになった。[19]

「見てはいけない」と言われた座敷や部屋。一方には女の正体が、他方には男の本性であ

19　新倉朗子訳『完訳　ペロー童話集』岩波文庫、一九八二年、一八二〜一九〇頁を参照した。

る殺人鬼としての証拠が、それぞれ仕舞われている。座敷や部屋とその主人の「一体性」とも言えるものが表われている。

これらの話に出てくるモチーフは神話学などで「見るなの禁」と言われているものである。典型的なものとして、日本神話の『古事記』に見られる原初の母なる女神イザナミの神話がある。

イザナミが死後に赴いた黄泉の国には御殿があり、母神から死の女神へと変わったイザナミがそこに住んでいる。そして美しかったこの女神は、死んでのち、醜く恐ろしい姿に変わり果てていて、その姿が御殿の中に隠されている。夫のイザナキは、それを見てしまった。だから二人は別れなければならなかった。やはり、女神の「正体」が死の国の「家」に隠されている。

同じ『古事記』に、もう一つ「見るなの禁」がある。『古事記』上巻の最後に位置する、海幸彦と山幸彦の話だ。海幸彦はホデリ、山幸彦はホヲリという。

ホヲリは兄のホデリと狩と漁の道具を交換してもらって漁に出るが、釣り針を海に落として失くしてしまった。兄に責め立てられて海底に釣り針を探しに行ったホヲリは、海の神の娘トヨタマビメと恋に落ち、結婚して三年を海底で過ごした。やがて本来の目的だった釣り針を見つけ、地上に帰った。ある時妻のトヨタマビメがホヲリを訪ねてきて、実は妊娠していて、産む時になったので地上にやって来たと言う。そこで産屋が建てられたが、未完成のままお産が始まってしまった。トヨタマビメは、決して私の姿を見ないでくださいねと言って産屋に入ったが、ホヲリは見てしまう。トヨタマビメは本来の姿であるオオワニに変身してお産をしていた。見られたことを知ったトヨタマビメは海に帰っていき、海と陸の間の道を閉ざしてしまった。

産屋を、ここでは特定の目的をもって作られた家であるととらえると、やはりその中には女神の本来の姿が隠されている。それを見られた以上は共にいることはできない。そこで女神は夫と別れることになったのだ。

これらの見るなの禁は、ほとんどが女性から男性に課された試練であるが、どうやらそれ以上の意味がありそうだ。

フランスの「見るなの禁」も見てみよう。

騎士のレイモンダンは森で美しいメリュジーヌと出会い、結婚した。メリュジーヌは不思議な力を持っていて、開墾や灌漑などを行い、また二人の間に生まれた子供たちは各地に出て王や公となった。結婚にあたりメリュジーヌは、夫に「毎週土曜に私の姿を見てはならない」という禁止を課していた。ところが実の兄弟から妻の正体について疑惑を吹き込まれたレイモンダンは、ある土曜に妻の部屋に穴を開けて中を覗いた。メリュジーヌは入浴中で、その下半身が蛇であった。レイモンダンはしばらく黙っていたが、ある時妻を「蛇女」と言って侮辱した。すると彼女は蛇の姿になって空を飛んで去って行った。[20]

部屋という家の一部に女の正体が隠されている。それは、見てはならないと禁止されているものだ。なぜなら正体を隠して女は人間の男と結婚した。もっと言うと、正体を隠していなければ、結婚することも、結婚生活を継続させることもできなかったのだ。それは両者の間に本来的に横たわる、種族の違いから生じる「境界」を、「禁止」を課すことによって一時的に取り除いていたからだ。しかし見られてしまえば、境界は復活し、女はもとの場所に戻り、結婚生活は終了する。この「境界」というキーワードは先に取り上げてきた

20　松村一男、森雅子、沖田瑞穂編『世界女神大事典』原書房、二〇一五年、「メリュジーヌ」（渡邉浩司執筆項目）を参照した。

「見るなの禁」の多くの話において適用できるものである。

天井裏

座敷や部屋の話を見てきたが、次に天井に目を移したい。天井裏の怪異、というのもしばしば見られるもので、有名なところでは『呪怨』シリーズの伽椰子がある。夫に惨殺された伽椰子は幽霊、というよりは化け物となって天井裏に棲みつき、犠牲者を次々とそこに引きずり込んだ。

春日武彦の『家屋と妄想の精神病理』[21]に、七〇代の老女のある妄想が紹介されている。家に男が入ってくる、と訴えるのだ。それも、天井の板を外して、そこから侵入してくるのだという。天井裏が、実在しない何者かの出入り口となっている。類例は多い。たとえばある六七歳の女性は、隣家の老女が屋根裏を伝って（家の構造上、隣家と屋根裏でつながっている）あれこれと悪さをする、という妄想を持っていた。天井から侵入してカーテンを破る、天井裏から「早く出ていけ」と怒鳴る、夜のうちに部屋の物を動かしたり、放

21　河出書房新社、二〇〇三年。

尿をしていったりする。この女性は二か月の入院により精神状態が落ち着き妄想も消えた。[22]

柏葉幸子『天井うらのふしぎな友だち』[23]では、ある農家に引っ越してきた一家の天井裏に、ファンタジー世界の四人組の奇妙な住人が棲みついている。しかもこの四人組は、わざわざ自分たちで人の目には見えない天井を張って、そこに棲んでいるのだ。天井、という場所へのこだわりが見て取れる。

なぜ天井裏に、実在しない人やモノが住むという話が多く見られるのか。春日は一つの推測として次のように述べる。

ユングが言う「元型」のごとき大げさなものではなく、もっとちっぽけで卑俗なレベルにおいて我々の内面には「誰の心にも埋め込まれている『物語の胚珠』」が幾種類もあり、そのひとつが奇形めいた発芽をしたものが、すなわち天井裏の侵入者や屋根裏の散歩者といったものではないのか。それを敷衍すれば妄想とは、「誰の心にも埋

22　春日、前掲書、四一～四二頁を参照した。
23　講談社青い鳥文庫、一九九二年。

め込まれている『物語の胚珠』」を発芽させることで狂気が形を整えた姿のことなのではないのか。ならば世間話や噂、都市伝説といったものにおいてもまた、妄想と基本形を同じくした物語が頻出するのではないのか。」[24]

人の心が自然と似た話を生み出す。それは妄想という形であったり、フィクション作品という形であったり、形式は違えども、内容は同じなのだ。きわめて蓋然性の高い推論だと言えるだろう。

なぜ天井裏か、ということについて補足しておくと、天井裏とは、日常空間の一部であるとするには、実際にはめったに出入りすることがない空間である。つまりそこは、日常世界と異界の隣接する、「境界」である、といえる。境界であるからこそ、怪異が出現するのだ。

24　春日、前掲書、六四頁。

境界としてのトイレ

トイレはこの世と異界の境界である。日本の昔話「三枚のお札」を見てみよう。

寺の小僧が山に栗拾いに行っておばあさんの家に泊めてもらうが、そのおばあさんは実はヤマンバだった。小僧が「便所に行きたい」というのでヤマンバは小僧の足に縄を縛って便所に行かせる。小僧はその縄を便所の柱にくくりつけてお札を貼って逃げ出す。お札は小僧のかわりに「まだまだ」と言い続けるが、ヤマンバが縄を引っ張ったので便所が壊れる。ヤマンバは小僧を追いかける。小僧が二枚目のお札を放って「砂山ではれ」と言うと砂山が現われてヤマンバが足止めをくらう。それでもまた追ってきたので今度は「大きな川ではれ」と言うと川が現われてヤマンバが足止めをくらう。小僧は和尚のいる寺に戻ってかくまってもらう。和尚がヤマンバに「豆粒ほどになれるか」と言うと、ヤマンバは豆に変わったので、和尚はそれを餅に包んで食べてしまった。（秋田県）[25]

25　古川のり子『昔ばなしの謎　あの世とこの世の神話学』角川ソフィア文庫、二〇一六年、一三一～一三二頁を参照した。

この話とたいへん良く似た話が中国にある。ヤマンバのかわりに、変婆（ピエンボ）という鬼婆が出てくる話だ。

昔、姉妹がいた。祖母の家に行くつもりが、知らずに変婆の家に行ってしまった。祖母のふりをした変婆は、おかずを作ってあげるからと言って姉妹に目を閉じさせた。妹はしっかり目を瞑ったが、姉はわざと祖母の方を見た。すると祖母は鼻水でおかずを煮ていた。鼻水をいためたら、それが卵焼きになった。祖母はそれを持ってきて姉妹に目を開けさせ、食べさせようとした。妹は食べたが姉は食べなかった。

食事が終わると、妹は祖母と一緒に寝た。夜中になると、妹は便所に行きたくなり、祖母に便所に連れて行ってくれるよう頼んだ。祖母は妹を連れて便所に行き、妹を食べてしまった。

妹とは別の部屋で寝ていた姉は、祖母が妹の肉や骨を食べている音で目が覚め、「何を食べているの？」と尋ねると、祖母は「炒った大豆」「そら豆」などと答えた。夜が明け、妹が見えなかったので、「妹はどこにいるの？」と尋ねると、母親を恋しがるので先に家に帰したと答えが返ってきた。祖母が、飴を持ってきてあげるからと言って外に出て行った。姉がこっそり見てみると、祖母は道端の羊の糞を持ってきて、そこに息を吹きかけて飴に変えていた。それで姉は祖母が偽者だと気づいた。

夜になると姉は、便所に行きたいと言った。変婆は縄で姉の手を縛って便所に行かせた。姉は縄を便所の門に縛って、自分はそこから逃げ出した。変婆はしばらくしてから姉が逃げ出したことに気づき、追いかけ、やがて追いつき、家に連れ戻した。

姉は逃げ出す方法を考え、変婆に、頭の虱を取ってあげると言った。虱をよく見えるようにするために高いところに座ろうと言って、二人は木に登って座った。姉は変婆の虱を取るふりをしながら、変婆の長い髪を木の枝に縛っておいた。姉はわざと櫛を落として、取って来ると言いおいて、すばやく逃げ出した。変婆は慌てて追いかけようとしたので、結びつけられた髪と一緒に頭皮まで剥けてしまった。

姉は家に逃げ帰り、母に変婆に騙されたと報告した。母娘は変婆への復讐を考えた。変婆が祖母のふりをしてやって来た。母親は変婆に風呂を勧め、火傷しそうなほど熱い湯を沸かし、湯の中にトウガラシを入れ、変婆をその中に入れた。変婆はあまりに熱いので正体をさらし、川に入って熱を冷まそうとして、溺れて死んだ。[26]

26 立石展大『日中民間説話の比較研究』汲古書院、二〇一三年、一三八～一四一頁を参照した。

「三枚のお札」で、小僧はヤマンバの家という異界に行ってしまった。そこから現世に戻ってこなければならない。その境にあるのが「便所」だ。だから小僧はどうしても便所に行かなければならなかった。

「変婆の話」も同様だ。妹は便所に連れて行かれて殺された。そこが「死」という異界と繋がっているからだ。姉は便所に行って、そこから家に帰ろうとした。変婆の住居がある異界と現世とが便所で繋がっているから、どうしても一度便所に行かねばならなかったのだ。

便所が境界であるということは、そこに怪異が多く出現するということをも意味する。異界のものがそこを通って来るからだ。そこで「トイレの花子さん」のような都市伝説が全国的に流布した。よく知られている話であるが、次のようなものだ。

学校の三階の女子トイレの三番目のドアをノックして、「花子さん、遊びましょ」というと「はーい」と返事がある。「何して遊ぶ?」と聞かれて「おままごと」と答えると包丁で刺され、首絞めごっこと答えると首を絞められる、など。ヴァリエーションは豊富である。[27]

筆者が子供の頃にもこの怪談が流行ったことがあった。小学生の時であった。女子トイレを三周してから「はーなこさん、あそびましょ」と問いかけると返事がある、という噂で、当時かなり深刻に受け止められ、そのトイレが使用中止になるなど現実味を帯びた怪談であった。

物語の転換点としての家

日本の昔話に出てくるヤマンバの家は、子供たちをさらってきて食べてしまう恐ろしい場所であると同時に、別の面では物語の転換点としてのはたらきをしている。牛方あるいは馬方山姥と呼ばれる昔話を見てみよう。

牛方かまたは馬子が、牛あるいは馬の背に、魚などの食物の荷を積んで、山を越えようとしていると、山姥が出てくる。そして荷物の食物を、「くれ」と言って要求してはもらっ

27　朝里樹『日本現代怪異事典』笠間書院、二〇一八年、「トイレの花子さん」の項目を参照した。

て食べることを繰り返し、たちまちすっかり食べてしまった上に、しまいには牛あるいは馬まで取り上げて食べてしまう。牛方あるいは馬子は、そのあいだに逃げて行って、一軒の家を見つけ、天井裏などに上がって隠れる。ところがそこはなんと山姥の家で、やがて山姥が帰って来て、餅を焼いて食べようとする。それで牛方あるいは馬子は、すきを見てその餅を、竹槍などを使って上から取って食べてしまう。

山姥は鼠に餅を取られたと思い、あきらめて、釜とか風呂桶あるいは櫃などの中に入って寝る。牛方あるいは馬子はそこで、山姥がすっかり熟睡したところに下りて行って、釜や桶に蓋をした上から重石を置いたり、櫃を釘付けにするなどして、山姥が目を覚ましても出られないようにする。それから釜や桶の下で火を燃やし続け、あるいは櫃に錐で穴を開けそこから熱湯を注ぎ込んで、山姥を焼き殺すか煮え湯を浴びせて殺す。そうすると多くの話では、大変に苦しんで死んだ山姥の死骸が、いろいろな貴重なものになって、それを手に入れた牛方あるいは馬子は、「大金持」とか「長者」、「分限者」になったと、物語られている。[28]

28　吉田敦彦『日本人の女神信仰』青土社、一九九五年、一〇二〜一〇三頁を引用した。

この話におけるヤマンバの最期はさまざまであるが、ある話では、釜の中で焼き殺され、黒焼きにされた山姥の死骸は、粉にすると丁度その時はやっていた天然痘の妙薬になった。別の話では、馬子が山姥を箱の中に閉じ込めて、錐で開けた穴から熱湯を注いで殺しておいて、蓋を取ってみると、山姥の死骸が大量の小判になっていた。また別の話では、牛方が山姥を焼き殺したあとで蓋をとってみると、中で死体が溶けて血だらけになっていた。それを畑に捨てると、そこから人参のような根の赤い作物が発生したという。

牛方あるいは馬方は、山でヤマンバに遭遇し、命の危機にさらされる。その上、逃げて行ってたどり着いた場所が当のヤマンバの家ということで、一層その命は絶望的であるかのように思われる。ところが牛方や馬方は、まさにその恐ろしい家の中で、事態を反転させる。ヤマンバから餅を奪い、寝ているところを見計らって閉じ込めて殺してしまうのだ。そして何らかの富を得たことになっている。ヤマンバの家が、主人公にとっての恐ろしい家から富をもたらす家へと、一転した。

この場合の「家」は、物語の展開における転換点の役割を果たしていることが明らかだ。

家と一体化している

家とほとんど一体化しているような、家そのものの怪異の話も見られる。

『稲生物怪録』（江戸時代中期の絵巻）では、広島・三次藩の武士である平次郎が一六歳の時に、次々に妖怪に遭遇する。その一つに、戸口をふさぐほど巨大な老婆の顔、というのがある。隅から隅までぴったりと顔が戸口にはさまっている。平次郎は老婆の眉間に小刀を打ち込むが、老婆が消えないのでそのまま寝る。朝になると、老婆の姿は消え、後には小刀が残されていた。

この話などは、家と老婆が分離不可能

戸口をふさぐ老婆の顔。『稲生物怪録』より。

А в это время шла мимо баба-яга, костяная нога. Увидела она Нюрочку-девчурочку, схватила её и потащила в свою избушку на курьих ножках.
Притащила и говорит:
— Будешь теперь на меня работать! Печку топи, дрова руби, воду носи, пряжу пряди, избу мети!

4

鶏の脚の上にある家に子どもを連れて行くバーバ・ヤガー。『ハゼは黒い樽、白いひづめ』1976年刊より。Rare Book. / Alamy Stock Photo

なほどに一体化した怪談と見ることができるだろう。

『稲生物怪録』の戸口の老婆と比較できるのが、ロシアの昔話に現われるバーバ・ヤガーである。バーバ・ヤガーとは「ヤガーばあさん」の意で、森に棲む恐ろしい魔女である。昔話の中ではしばしば継母にいじめられる娘を助ける役割を果たす。その家は鶏の脚の上にあり、垣根は人の骨、垣根の上には両目のついたされこうべが載っている。門の柱は人間の脚、かんぬきは人間の両手、錠は尖った歯のある口である。かまどでは攫ってきた子供や迷い込んだ人間を焼いて食べるのだという。[29]

直野洋子によると、バーバ・ヤガーは昔話の中で、主人公との出会いの場面で多くの場合小屋に寝そべっており、しかも体がすみからすみまで伸びて鼻が天井にめり込んでいる、と描写されるのだという。[30] この場合、家と一体化した女の妖怪の典型例といえるだろう。

一体化といえば、先に取り上げた「見るなの座敷」や「青髭」にも通じるところがある。その点については後の章で考えることにして、ここでは問題提起にとどめておきたい。

---

29 『世界女神大事典』「バーバ・ヤガー」の項目（荻原眞子執筆）を参照した。
30 「ヤガーばあさんの起源」『中村喜和編『イワンのくらし　いまむかし』成文社、一九九四年、三九頁より。

乗っ取られる

温かく安全なはずの自分の家が、知らないうちに何者かに乗っ取られている。そんな恐怖を描いたのが澤村伊智「じぶんち」[31]だ。

十四歳の卓也が合宿から帰ると、家には誰もいないうえ、異変が起こっている。家の中のものが「ダブっている」、つまり同じものが二つあるのだ。そっくりなメモ書きや、時計などだ。混乱しながらも、卓也は次第に事態を呑みこんだ。何者かが本来の家族と入れ替わり、手違いで卓也だけが取り残されて、結果「ダブって」いるのだ。やがて「家族」が帰ってきて、その中には「自分」もいる。本物の卓也を置き去りに、四人家族は団らんを始める。最後、卓也は入れ替わった「自分」に、「ここにいても良い」と言われる。

大人にとってもそうであるが、子どもにとっての家とは、遊びや学校から帰って来て無条件で受け入れてくれる温かい場所、自分を守ってくれる大切な巣である。少なくとも理想としてはそうだろう。しかしそこがいつの間にか、自分の家ではなくなっている。まったく異質な何者かに占領されている。「じぶんち」は、絶対的な居場所を奪われた少年の

31 『ひとんち』光文社、二〇一九年所収。

困惑をうまく捉えてその戸惑いと恐怖を表現している。

澤村伊智の『ししりばの家』[32]もまた、違った観点から家の怖さを描く。そこでは家は、「守り神」であるはずの存在に、乗っ取られている。

笹倉果歩は夫の勇大と二人暮らしで、毎日帰りの遅い夫を待つ生活に、寂しさを感じていた。そんなある時彼女は幼馴染の平岩敏明と偶然再会し、一週間後、彼の家を訪ねることになる。勇大は仕事で来られなかった。敏明は梓という名前の嫁と、祖母の淑恵との三人暮らしだった。祖母は痴呆症を患っているように見えた。

果歩は家に異変を感じた。床に砂があるのに、家人が気にしている様子がないのだ。

また別の日に、果歩は梓に呼ばれて再び平岩家を訪れる。家に、敏明の不倫相手の女性の生霊が現れる、と相談された。その生霊が梓たちに襲い掛かる。しかし敏明が入院していた彼女を探し出し、謝罪したことで彼女は息を引き取り、生霊も消えた。

お礼にと呼ばれて再び平岩家を訪れるが、また砂が床に積もっている。これは生霊のせいではなかったのか。しかも以前よりも多くなっている。やはり家人は気にしていない。

そして梓は妊娠しているのだという。

32　角川書店、二〇一七年。

何かが決定的におかしい、と感じ、もう平岩家を訪れないよう勇大とも約束した果歩であったが、平岩家に結婚指輪を落としてきたことに気づき、仕方なく訪れる。そこに勇大から電話がかかってきて、すぐに家から出るように言われるが、砂が邪魔して出ることができない。

やがて、平岩家にやって来た勇大は殺され、果歩を殺そうとした梓は逆に果歩に殺されてしまった。敏明が果歩に迫ってくる。果歩は頭も身体も砂に支配され、自分が梓であると思いこむ。やがて彼女は梓として敏明の子を妊娠している。

すべての原因はその家にいる「ししりば」という守り神にあった。この守り神は「家を守り、侵入者を攻撃し排除する」。とくに子供を中心に守るのだという。そして家族の誰かが死ぬと、欠員を補充するように、外から家族を連れてくる。祖母の淑恵は去年死んでいて、代わりに近所の一人暮らしの老女がそこに連れてこられていた。そして梓が死んだので、果歩がその代わりになり、敏明の子を宿した。増える分には、構わないのだという。

ししりばは家についている守り神である。しかしその実態は狂暴だ。家を構成する家族が減れば手段を問わず補充し、その違和感を家族の頭から消し去る。最初に出てきた敏明の不倫相手の生霊を退け、その本体の命を奪ったのも、ししりばであったのだ。家族を害するものは排除する。

ししりばは「家」の本来的な機能を体現しているのかもしれない。産み、育て、守る温かい家であるが、同時にその機能をつきつめると、ししりばのような怪物に容易になりうる、ということだ。家の本質的な怖さを感じさせる。

閉じ込める

住人を送り出すのが家ならば、閉じ込めておくのも家だ。ギリシア神話のミノタウロス退治の話は有名だろう。ミノタウロスはポセイドンの所有であった牡牛と、クレタのミノス王の妃パシパエの間に生まれた、人間の身体と牛の頭を持つ子であった。ミノス王は工作の達人ダイダロスに命じてラビュリントス、「迷宮」を作らせ、その中にミノタウロスを封じ込めた。やがてアテネの英雄テセウスが、クレタの王女アリアドネの助けを得てミノタウロスを退治することになるが、それまでアテネは毎年七人の青年と七人の少女をミノタウロスの犠牲として差し出さねばならなかった。

このような「怪物を閉じ込めておく迷宮」ということで想起するのが、小野不由美の「ゴーストハント」シリーズ第5巻、『鮮血の迷宮』[33]だ。

心霊現象を調査する「渋谷サイキックリサーチ」の一行が訪れたのは、一軒の古い洋館であった。そこでは「人が消える」。しかも二十代前後の若い人が消える。調査をすると、屋敷には増改築をしつこく繰り返した形跡がある。その屋敷に隠されていたのは、かつて病弱であった男だった。彼は人を殺してその血を浴びて自分の精気を補い長生きしようとした。死んでなお彼は生贄を求めている。そこで多くの若者が犠牲になった。しかしこの怪物は屋敷に閉じ込められていて、外に出ることはできない。そこで一行は屋敷を燃やすか封鎖する提案をして、本件を解決した。

家は怪物を閉じ込める役割も果たすのだ。家とは、外から入って来ようとするモノに対しては、家人の許可がなくては入れないことになっている。そして中にいるモノを閉じ込めておく働きもあるのだ。家というのが一種の装置のようにして、境界を形作っている。

33　メディアファクトリー、二〇一一年、初出一九九一年。

拡散する家の怪異

家の怖さは、そこに現われる怪異が必ずしもその家にとどまり続けるわけではないかもしれない、ということにもある。怪異の感染性、伝播性の問題について、小野不由美の『残穢』[34]を見てみよう。

作家である語り手が読者から怖い話を募ったところ、同じマンションに住む二人の読者から怪異体験の話を得た。どちらも畳を擦る音が聞こえる、という怪異だった。どうやら金襴緞子の帯で首つり自殺をした女の霊が現われているようだった。

住人のひとりと語り手は調査を始める。

そのマンションが建つ土地はバブル期に地上げが行われていた。最後まで残った家は有名なゴミ屋敷で、住人が孤独死していた。

一方、マンションと同じ敷地内の団地には住人が居つかない家があり、かつての入居者に訊くと、部屋で怪異現象があったため越したという。蛇口に女の姿が映った、それも首を吊った女に見える、ということだった。

34　新潮社、二〇一二年。

さらにゴミ屋敷となった家が建つ前にあった家について調べると、住人が首つり自殺していた。赤ん坊の泣き声の幻聴に悩まされていたという。

そのようにして先代の家とその住人をたどっていくと、福岡にある資産家の家に行きつく。炭鉱を経営していた一家の家長は、明治末か大正初めごろに、家族と使用人を皆殺しにして自殺していた。また当時、炭鉱では事故が多く、特に爆発火災事故での被害者が多かった。一連の怪異はこの家で生まれた恨みから発したと思われた。

作中で、小野は怪異の伝染性について次のように記している。

穢れは伝染し、拡大する。浄めるための祭祀が行われなければ、広く薄く拡散していくのだ。[35]

本作は家にまつわる怪異に満ちている。畳を擦る音、赤子の泣き声、何かが這うような音、恨み言をいい、焼け、殺せ、と命じる声。すべては一つの家からはじまり、感染症のようにそれに触れたものについて行き、離れた場所でまた同じ怪異を発現させる。それだ

35　新潮文庫版、二二三九頁。

けではない。怪異はまた別の怪異を引き起こす。拡散し、連鎖して、怪異の穢れはとめどなく広がる。

私たちが住む家には、過去がない場所などない。どんな場所にも、積み重ねられた過去がある。たとえ平地であっても山の中であってもそれは同じだ。私たちが家に住むというのは、過去のすべてを背負いながら、それと共に生きていくということなのだ。これは家という外殻の有無にもとらわれない。怪異は土地にも染みこみ、新しく建てられた家にまた同じ怪異を呼び起こす。私たちは、怪異から、それを含む過去から、どうあっても逃げられない。

第1章
異界の家——母胎と富

前章で、家が境界としての役割を果たしている例を見た。このような家について、もう少し考えていきたい。境界とは、そしてその先にある異界とは、一体何なのだろう。それはなぜ「怖い」のだろう。

境界に建つ家

貴志祐介のホラー小説『黒い家』[1]には、保険金目当てに殺人を繰り返す女が登場する。女の家の床下には累々と白骨化した死体が横たわっていたという。宮田登の指摘によれ

1 角川ホラー文庫、一九九八年、初出一九九七年、角川書店。

ば[2]、その家は京都の嵯峨に位置しているのであるが、このあたりは京都の周縁部であって、境界にふさわしい場所なのである。

三津田信三の『凶宅』[3]もこうした家の話だ。この場合の境界は、怪異あるいは祟り神が跋扈する自然界と、文明を持つ人間の世界を分かつ。家は山の中腹にあり、そこに住むことになった一家に様々な災厄が訪れる。怪異や神の領域に入った人間は、取り返しのつかない恐ろしい目にあうのだ。

境界に建つ家として、上田秋成の『雨月物語』にでてくるいくつかの家も考察できる。[4]「蛇性の婬」では、網元の家に生まれながら仕事をせず風流を好む豊雄が、ある時雨宿りをした先でたいそう美しい娘と出会い、恋に落ちる。娘は真女児《まなご》と名乗り、豊雄から傘を借りて帰っていった。

後日豊雄は真女児の家を訪れる。その家は「門を高く構え、家も大きく立派で、そのうえ、蔀をおろし簾をふかく垂れている様子」（一一八頁）で、表座敷に迎え入れられると、そこは板敷の間に床畳を用意してあり、部屋の調度も飾りも壁の絵も由緒ありそうな品で、と

2　『都市空間の怪異』角川選書、二〇〇一年、一六六頁。
3　角川ホラー文庫、二〇一七年。初出二〇〇八年、光文社文庫。
4　『雨月物語』については、上田秋成、鵜月洋訳注『改訂　雨月物語』角川ソフィア文庫、二〇〇六年、を参照した。

うてい身分のない人の住居ではないように思われた。しばらく楽しい時を過ごし、豊雄は立派な太刀をもらって家に帰った。しかしその太刀が盗品であることが分かり、武士たちが真女児の家に踏み込むが、以前は立派であったはずのその家は、「いかめしく造ってある門の柱もいまは朽ちくさり、軒の瓦もおおかたは落ち砕けて、そこから忍ぶ草が垂れさがっているというありさまで」(一二八頁)、「邸内は外よりもいっそう荒れはてていた。(中略)池は水が涸れて、水草もすっかり枯れ」(一二九頁)という具合に、完全に廃墟と化していた。中には例の真女児がいたが、雷の大音響とともに消え去った。女の正体は年経た蛇神であった。

この真女児の家が境界の家である。現世と異界のはざまにあり、立派な家に入っていった豊雄はそこに迷い込んで蛇神の女に魅入られてしまった。しかし後日探索に入った時にはその同じ家が廃墟となっていて、女の正体が現われる。家が、この世と異界の境界であると同時に、豊雄が女の正体を知るという物語の転換点ともなっていることがわかる。

同じ『雨月物語』の「浅茅が宿」にでてくる家も同様のはたらきをしている。

勝四郎は裕福な生まれであったが、のんびりした性格で仕事をせず、貧乏になってしまった。そこで所有する田をすべて金に換え、それで絹を買って上京して売ることにした。勝四郎の妻は宮木といい、たいへん美しく気立ての良い女であった。不安がる妻に、勝四郎は秋になれば帰ってくると言って慰め、出発した。

しかしその年に関東一円に戦火がおよび、人々は西へ東へ逃げまどった。宮木は秋になったら帰ってくるという夫の言葉を信じて家にとどまっていた。勝四郎の方は、都で絹をすべて売りつくしたが、故郷へ帰るおりに戦火に巻き込まれ、また盗人に荷物をすべてとられてしまった。引き返す途中の近江の国で児玉喜兵衛という金持ちの家にやっかいになり、親切にしてもらって七年の時がすぎた。しかしこのまま世話になるだけの生活もいけないだろうと思い、故郷へ戻ることにした。

故郷は荒れ果てて昔とは似ても似つかない有り様だった。しかし家の軒の目印である松の木を見つけると、そこに家がある。まことに彼自身の家であった。やつれた妻が戸口に姿を現し、さめざめと泣くのであった。二人は互いに起こった出来事を語り合いながらともに枕についた。勝四郎が熟睡して目覚めると、家は荒れ果てた様子で、妻の姿も見えない。妻はすでに死んでいたのであった。勝四郎は亡霊と再会したのだ。

一途に夫を待つ宮木は、家こそが夫と自分をつなぐものであると信じ、戦火からも逃げずに家を守った。そして命果てるまで待ち、ついには亡霊となってもなお待ち続けたのだ。その宮木の霊魂が待つ「家」は、冥界の存在となった彼女と、この世の住人である夫を引き合わせたという点で、「境界」としての役割を果たしていると言える。

日本建築学会において発表された『雨月物語』を分析した論文では、[5]『雨月物語』各篇に現われる建築・都市に関する用語が抽出・分類される。さらに各篇の舞台となる文章量を集計した上で「怪異との同居」、「幻の舞台」など一一項目に分類して舞台の構成を考察する。結論として以下のように述べられる。

江戸時代中期において「異界」とは、現実の鏡写しという面もあるが、むしろ「建物」を通じて現実と繋がっている世界である、という空間意識が九篇中の大勢を占めるという結論に達する。（二七四頁）

5　榊原守男、近藤正一、早瀬幸彦、若山滋「『雨月物語』にみる文学のなかの異界とその都市・建築空間～江戸期の文学空間の一考察～」『日本建築学会大会学術講演梗概集』一九九六年、二七三～二七四頁。

「蛇性の婬」においても、「浅茅が宿」においても、家を通じて主人公の男は異界や冥界に一時的に迷い込む。家そのものが境界であるからだ。そしてその家の本来の姿、朽ち果てた姿を見て、どちらの主人公も、真実を悟るのである。

ここで異界や境界の話をしたが、異界と境界というものについて少し考えておきたい。まず異界といってもさまざまであり、海中にあったり山中にあったりもする。その場所は一定しない。また異界とは死者の魂の行く場所でもある。われわれが住む現世とは本来的に隔てられているはずの世界だ。生活圏の外側、と言えばよいだろうか。古くは村の境から外に出てしまえば、そこがもう異界であった。異界は遠くもあり近くもある。また異界では時間の進行が現世と異なっていることが多いとされる。このことは、異界に行って数年と思ったら地上では数百年の月日が過ぎていたという浦島太郎型の神話によく表われている。そのような異界と現世がつながれば、それは空間的、時間的な秩序の崩壊を意味している。

「境界」は秩序を守っている。何らかのきっかけで世界の秩序が壊れると、境界から異界のものがやって来る。来てはならないものがこちら側に侵入してくる。境界の怖さとは、異界とつながってしまうところにあるのだ。

神話はそもそも、境界、すなわち世界の秩序の構築を語ることを役割の一つとしている。創世神話と呼ばれるものである。混沌のカオスから秩序のコスモスがどのようにして創られたのかを説明するのだ。神話の語る太古の時に確立された秩序が崩壊し、原初の混沌が姿を現す、そのような事態がもし起これば、それは人間存在の根源的な恐怖を引き起こすであろう。

富をもたらす異界の家

境界を越えた先——異界にも家があり、不思議な役割を果たしている。たとえばマヨヒガだ。柳田国男の『遠野物語』に出てくる、山の中にあるとされる家だ。こんな話である。

昔、三浦という金持ちの家があった。まだ貧しかった時のこと、その家の妻が山中に蕗を取りに行き、山奥へ入り込んだ。すると黒い門の立派な家がある。大きな庭には紅白の花が咲き、鶏がたくさん遊んでいる。裏には牛小屋と馬小屋があり、牛と馬がたくさんいる。それにしても人気がない。玄関をのぼると、次の間に朱と黒の膳椀が多くならんでいる。その奥には火鉢があって鉄瓶が湯をたぎらせている。女は恐ろしくなって駆け出して家に帰った。

それからしばらくして、川上から椀が流れてきた。女がそれを取って櫃に入れておくと、中の穀物は一向に減ることがなかった。そこに至って女が山中の家のことを話すと、それは「マヨヒガ」であり、欲のない者に富を授ける。家に入ることができたなら何か家財道具を持ち出すべきであったが、女が何も持ち出さなかったので、道具が自ら流れてきたのだ、ということだった。(『遠野物語』六三。)


この女が迷い込んだのは、山の中の「異界」にある家だったのだ。普段は人と接触のないはずの場所、人間が立ち入らないはずの場所であるのに、立派な家があり、家人がいるかのような様子が見て取れる。その落差に人は怖さを感じるのであろう。

なぜ異界に家があってそこに富があるのだろうか。どのようにしてその富は現世にもたらされるのだろうか。ひとつの手がかりは、海の中の異界、良く知られた「竜宮城」にある。竜宮城から富をもたらす子供を授かる話が、全国に分布しているのだ。新潟県のトホウ小僧の話を見てみよう。

昔、貧乏な花売りの男が、毎日帰り道の渡しの所で売れ残った花を川へ流していた。ある日のこと、仕事を終えた彼がいつものように渡しのところにやって来ると、朝はおだやかだった川が増水し氾濫していた。困っていると、突然足元の水の中から大亀が現れ、花売りを背に乗せると、「竜宮の乙姫様が、お前さんのくれる花をたいそう喜ばれ、御礼をしたいからお連れするようにといいつけられました」と言って、男を竜宮城に案内した。

男は竜宮で乙姫の手厚いもてなしを受け、しばらくは時のたつのを忘れていたが、そのうちに里心がつき、家に帰ると言う。乙姫は彼に、青洟を出し、よだれをたらしている汚らしい子どもを与え、「お前のやさしい心ばえを賞でて、この子をあげましょう。連れ帰って大切に養えば、お前の望みをなんなりと叶えてくれるでしょう」と言った。

花売りは丁寧に礼を述べ、トホウ小僧という名のこの子どもを家に連れ帰った。それからは、家屋敷でも家具調度でも、黄金でも、トホウ小僧が目をつむって手を三つ打つとたちまち現れたので、花売りは瞬く間に長者になった。

ところが長者になって上品な人々と交際するようになった花売りが、どこへ行く時も、トホウは青洟をたらしよだれを流し、はなとよだれでどろどろに汚れた着物を着てついてくる。しまいに辟易して、男は小僧に暇を出した。トホウ小僧はすぐに出ていった。汚い小僧を厄介払いすることができたと思った長者が、庭に出てほっと一息つき後ろを振り返ってみると、そこにあった家屋敷や倉はあとかたもなくなっており、そのかわりに昔のあばら家があった。彼が身につけていたぜいたくな服も、もとの粗末なものに変わっていた。男はあわててトホウのあとを追ったが、もうどこにもその姿は見えなかった。[6]

なぜ竜宮城には富があるのか

では次に、一体なぜ、竜宮城など異界の家に富があるのか、という問題について考えてみたい。

平出昌嗣によると、日本は「霞の文化」で、西洋の「光の文化」と対立する。西洋の文芸において理想とされる空間は、天から光が降り注ぐ明るい開かれた空間であるが、日本においては、人を優しく包み込む子宮のような閉じられた空間に理想を見る。その美の原風景は霞がかった山や谷にある。これは昔話の地中の家によく表現されている。浦島太郎

6　吉田敦彦『小さ子とハイヌウェレ』みすず書房、一九七六年、八〜一〇頁を参照した。

の竜宮城、舌切り雀のやぶの宿、鼠の浄土（おむすびころりん）の地中の家などだ。これらは日常世界から完全に閉ざされたもので、心理学的には母の暗い子宮への憧憬をあらわす。平出は言う。「そこでの心地よさは、現世から離れ、母の暗い胎内で安らかに眠りたいという、無あるいは死への願望を童話的に表現したものであろう」と。[7]

この論文における平出の記述はたいへん示唆的である。日本の伝承において地中や海底など異界の家が母胎である、というのだ。もう少し具体的に見ていくことにしよう。

浦島太郎の話を知らない人はいないだろう。浦島太郎が子供たちにいじめられていた亀を助ける。亀は乙姫となって浦島太郎を竜宮城へ案内する。竜宮城でごちそうを食べ、「季節」が入っている座敷を次々に見たり、楽しい時はあっという間で、数年が経っていた。浦島太郎が地上に帰ると言うと、乙姫ははじめ引きとめようとしたが、やがて「決して開けないように」と言って玉手箱を持たせる。浦島太郎が地上に帰ると多くの時が流れており、身内は誰もいなかった。絶望して玉手箱を開けると白い煙が立ち昇り、浦島太郎は鶴となって、亀の乙姫とそこで末永く暮らした。[8]

7　「霞の文化と光の文化」千葉大学教育学部研究紀要、第五四巻、二〇〇六年、二〇三〜二〇八頁。
8　稲田浩二編『日本の昔話』（上）、ちくま学芸文庫、一九九九年、七二〜七六頁を参照した。

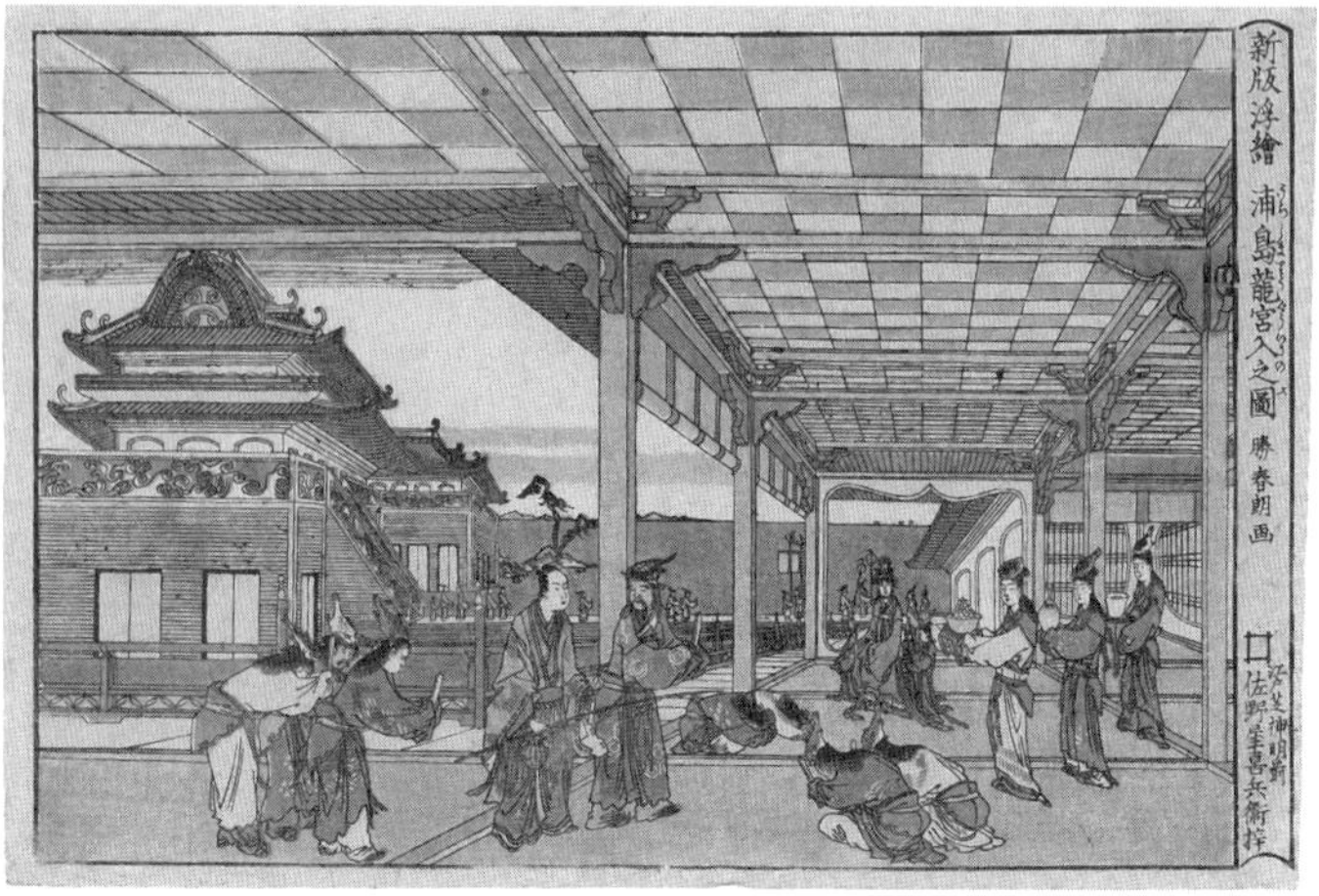

浦島竜宮入の図、葛飾北斎

亀だった乙姫は海底の宮殿に浦島太郎を連れてきて歓待し、彼が帰ろうとするとしきりに引きとめようとした。このことについて、心理学者の河合隼雄は、乙姫という存在が、母親のネガティブな面を多く持つ、何ものも呑みこんだり抱え込んだりする力によって男性の自立を妨げるものである、と述べている。[9]

乙姫が、浦島太郎の成長を妨げる「呑みこむ母」であるとするならば、その乙姫が住む竜宮城自体を、同じ働きを持つものとみなすことができる。これは序章で紹介した、ロシアのバーバ・ヤガーと家の関係に

9　「昔話のユング的解釈・その三――浦島太郎――」『幼児の教育』七一（一一）、一九七二年、九～二五頁。

似ている。ヤガーは小さな家に住み、その家と一体化していた。同じように乙姫は竜宮城と一体化しており、だからこそ浦島太郎をそこに引きとめて帰そうとしなかった。竜宮城は、平出もいうように、乙姫の子宮、母胎であるのだ。

母胎とは「生」以前の宿り場である。そこに引き留められている浦島太郎は、あるいは「死んだ」状態にあるのかもしれない。そう考えると竜宮城と死の世界がつながる。このよく知られた昔話は、実は「怖い」話であるのだ。

小さ子が異界の富を現世に運ぶ

先に紹介したトホウ小僧は、はなやよだれをいつもたらしている汚らしい子供であるが、手を三度打つと望みのものを何でも出してくれる、福の神のような存在であった。トホウ小僧と良く似た性質を持つ子供――「小さ子」は、ほかの昔話にも登場する。熊本県のハナタレ小僧を次に紹介しよう。

昔、一人の爺がおり、毎日山へ行って枯れ枝を拾い集め、それを町に持って行って売ることを仕事にしていた。ある日売れ残った薪を、橋の上から竜神を念じながら川の淵に沈めると、水の中から一人の美しい娘が小さな童子を抱いて現れた。そして爺にその子を手渡し、「お前が毎日よく働くので、竜神が喜ばれ、褒美にこの子どもをお預けなされる。この子の名は、ハナタレ小僧様と言って、お前の願い事は何でも叶えてくださるが、ただ毎日三度、海老の膾をお供えしなさい」と言って姿を消した。

爺は大変喜んで、ハナタレ小僧様を抱いて家に帰り、神棚の側に座らせて、言われた通り日に三度、海老の膾を供えた。それからというもの、爺の欲しいと思うものは、米でも金でもまた家や倉でも、ハナタレ小僧様がフーンと鼻をかむ音をさせると現れ、爺はたちまちのうちに長者になった。

何不自由なくなった爺の仕事は、ただ毎日ハナタレ小僧様に上げる膾にするための海老を買いに、町へ行くことだけとなった。しかしぜいたくに慣れた爺には、それすらも面倒になり、ある日ハナタレ小僧様を神棚の側から下ろすと、暇を出した。小僧様は黙って家の外へ出て行ったが、しばらくして家の前でスーと鼻をすする音が聞こえたかと思うと、たちまち立派な屋敷も宝も財宝のつまった袋もなくなり、ただ以前の通りのあばらやだけが跡に残った。爺はあわてて外へ飛び出したが、もうどこにもハナタレ小僧様の姿は見えなかった。[10]

やはり竜宮から授けられた子で、このハナタレ小僧も大切にされている間は無限の富をもたらす。次の岩手県のヒョウトクもそうだ。

昔、爺と婆があった。爺はある日、山へ柴を刈りに行って、大きな穴を見つけた。その穴を塞いでしまおうと思って、穴の口に柴を一束押し込むと、その柴はするすると中に入り込んで行き、その後もう一束もう一束とつぎつぎに押し込んでも、すべて同じように穴の奥に吸い込まれる。そのうちとうとう三ヶ月かかって刈った柴を、すべて穴の中に入れてしまった。

すると穴の奥から美しい女の人が出てきて、柴の礼を言い、爺を穴の中に案内した。そこには目のさめるような立派な家があり、その脇に爺が投げ込んだ柴が積み重ねてあった。爺はその家でごちそうになって帰ろうとすると、土産に、なんとも言えぬほどみっともない顔をした、一人の子どもを与えられた。

10　吉田、前掲書、一〇～一一頁を参照した。

その子を家に連れ帰ってみると、いつも臍ばかりいじくっている。爺はある時試みに火箸でちょいとその臍を突いてみた。するとそこから、黄金の小粒が飛び出した。それからは日に三度ずつ、臍をついては黄金を出して、爺は豊かになった。

ところが、欲の深い婆がある日、もっと沢山の黄金を出そうとして、爺の留守の間に、火箸を持って子どもの臍を力いっぱい突いたので、子どもは死んでしまった。帰宅した爺が悲歎にくれていると、夢にその子どもが出て来て彼をなぐさめ、「泣くなじい様、おれの顔に似た面を、毎日よく目にかかるところに掛けておけ、そうすれば家が栄える」と言った。

子どもの名はヒョウトクといった。それゆえにこの付近の村々では、今日でも醜いヒョウトクの面を竈の上に掛けておき、これを「かまぼとけ」とも呼んでいる。[11]

このように竜宮の小さ子たちは厚遇されているうちは無尽蔵の富をその家にもたらした。しかしそれは長続きせずに、やがて富をすべて回収して、小さ子は帰っていくことになる。

11　吉田、前掲書、一一二〜一一三頁を参照した。

小松和彦と栗本慎一郎によると、「富」とは共同体内部からは発生しない。異界の文化とのコミュニケーション、つまり「交換」の中から生まれてくるのであって、それを日本の昔話に出てくる「小さ子」が表わしているのだという[12]。

男や爺は花や枝や柴を水界に献じた。その「交換」として富を生む小さ子が与えられた。そうすると、柳田の「マヨヒガ」の場合、この「交換」が成り立っていない。富は一方的に異界から人へ与えられるのみだ。だからこそ、そこに「怖さ」「不気味さ」を感じるのだ。

そのマヨヒガであるが、これに着想を得た小説がある。山吹静吽の『迷い家』[13]である。時は戦時中。田舎に疎開してきた兄妹の学生が主人公だ。兄は心造、妹は真那子という。疎開先の村にはある言い伝えがあった。山に屋敷があり、ひとたび入れば二度と出てこられないのだという。「屋敷が人をとる」のだ。屋敷は実在し、そこに迷い込んだ真那子を助けるため、心造は山に分け入り、ついに屋敷を見つけて入っていった。屋敷を歩きまわるが、まったく人の気配がしない。その中で、文机の上に書置きがあるのを見つける。たとえばこのような具合だ。

12 小松和彦、栗本慎一郎『経済の誕生』工作舎、一九八二年、四二～四六頁。
13 角川書店、二〇一七年。

聞き耳頭巾——此の頭巾被りたる者は人の言の葉もたぬ禽獣どもの声を解さむ。千鳥、畜生の手引きにて長者となりたる男は後に頭巾を捨て去りたり。世には禽獣の慟哭が満ちたるを知りける故に。（八三頁）

そしてその近くには、頭巾が放り出されている。このようなものが、不気味にも無数に置かれている。心造は屋敷で老犬に会い、聞き耳頭巾で会話ができるようになる。心造は老犬にその屋敷が一体何なのか、訪ねる。老犬はこう答える。

「ここは迷《まよ》い家《が》。妖と霊宝を現世《うつしよ》とは違う異界、隠世《かくりよ》に閉じ込める屋敷。まぁ平たく言うと化け物屋敷」（一〇六頁）

そして、ひとたび入れば、決して出ることはできない、と言う。もう帰れないのだと。心造はその後永く屋敷にとどまっていたが、そこでは時間が止まっていた。真那子の友人だった少女が成人してその屋敷を訪れた時には、心造は正気を失っていて、屋敷のそこかしこにある霊宝を用いて戦争に勝利するのだという妄想を持ち、妖たちの身体を使って人体実験を続けるようになっていた。戦争は、もうとうに終わっていたのに。

おどろおどろしい妖の人体実験と、戦争という狂気が重なり合い、迷い家の不気味さと怖さをいっそう引き立てている。

ここで描かれている「迷い家」は不思議な宝に満ちた屋敷である。たしかにそこには富がある、と言っていいだろう。しかしそこは同時に、一度入ったものを決して帰らせることのない、「呑みこむ家」である。あたかも家に意志があるかのように、入ってきた者を呑みこんで出さない。マヨヒガが本来持つ不気味さを一層強調した話となっている。先の竜宮城と共通する点だ。こうした家については、第3章の「呑みこむ家」で詳しく取り上げることにしよう。

母胎としての異界の富

平出が挙げる昔話「鼠の浄土」は地中の異界であるが、そこは富を産出する異界だ。次にこの話を見てみよう。

爺と婆がいた。ある時爺が庭で豆を拾って、鼠の穴を見つけたので、そこに豆を入れてやった。二日ほどすると迎えの鼠が爺のところにやって来て、お礼をしたいから鼠の家まで来てくれという。爺は鼠の尻尾につかまって目をつむると、鼠の家にいた。座敷があり、鼠たちが餅をついている。その餅をたらふくご馳走になって、爺が帰ろうとすると、餅をたくさん土産にもらった。そしてまた目をつむって鼠の尻尾につかまって、もとの家に帰ってきた。

婆と二人で餅を食べていたら、隣の爺がそれを見て同じことをしようとした。しかし鼠の国で欲を張って猫の真似をしたものだから、鼠の国から出られなくなって、とうとう死んでしまった。[14]

地中に鼠の御殿があり、そこから富が産出される。地中が子宮であり、そうであるからこそ、そこから富が産出されるのである。その富を、爺は豆がきっかけとなった交流によって、得ることができた。異界との交流と富、というテーマがここにも表われている。

14　稲田、前掲書、八七～八九頁を参照した。

ところで、日本の神話にも鼠の穴の話が出てくる。オホクニヌシという神がそこに潜って災難を免れた話だ。

オホクニヌシは兄の八十神の攻撃から逃れるために、根の国にいる祖先のスサノヲのもとを訪ねる。スサノヲはオホクニヌシに、何度も悪意のこもった試練を課す。最初の夜は蛇のたくさんいる室に入れ、次の夜はムカデと蜂の室に入れて寝かせる。しかしオホクニヌシは、根の国で最初に出会ってその場で結婚したスサノヲの娘のスセリビメの助力によって、無事にそれらの室で夜を明かすことができた。

スサノヲは、今度は鏑矢を広い野原に射込み、オホクニヌシにそれを拾って来るように命じた。オホクニヌシが野原に入ると、スサノヲはそこに火をつけて彼を焼き殺そうとした。その時鼠が現れ、「内はほらほら、外はすぶすぶ」と言うので、オホクニヌシは地面の下に入口は細いが内は広い穴があることを知り、その中に入って火から逃れることができた。

鼠はスサノヲの鏑矢を咥えて来たので、オホクニヌシはそれを持ち帰ることができた。

(『古事記』)

古川のり子は、これらの出来事がオオクニヌシ（オホナムチ）の成長に大きく関わっていることを、次のように説明している。

オホナムチはここでは、蛇の室、ムカデと蜂の室、土中の壺のような形のほら穴、八田間の大室というような、母胎を思わせる閉ざされた空間に籠もっては出るという行為を繰り返し行っている。これらの空間は、蛇やムカデや蜂の群れがそこにうごめいていたり、毛髪中にたくさんのムカデを発生させたスサノヲがいたり、あるいは子ネズミをひき連れた親ネズミが司っているなど、どれもが混沌とした空間である。かつてアマテラスがいったん死んで天の石屋の中に閉じ籠もり、そこから再び出現することでより尊い女神へと生まれ変わったように、オホナムチもこれらの子宮的な空間からの再生を繰り返すことによって一人前の大人へ、より偉大な神へと成長を遂げていく。三度目の野焼きの試練のあとに、オホナムチが地中の空洞の中から鏑矢という「収穫物」を手にして現れたとき、彼はすでに地上にいたときよりは、はるかに成長を遂げていたものと思われる。[15]

15　吉田敦彦、古川のり子『日本の神話伝説』青土社、一九九六年、一二一頁。

浦島太郎の竜宮城は乙姫の子宮であった。しかしそれは浦島太郎を成長させず呑みこんでしまう子宮だった。一方、オホクニヌシにとっては、鼠の穴が成長を促す子宮の役割を果たした。内に呑みこみ成長を阻むのも子宮なら、生まれ変わらせて、そこから追い出して成長させるのもまた子宮なのだ。

本章のはじめに平出の「霞の文化」について紹介したが、実は似た思考はすでに一九三三年に発表されている。谷崎潤一郎の『陰翳礼讃』だ。日本の建築は大きな屋根や庇を特徴とし、それによって生まれる濃い闇、それこそが日本人の美意識を醸成した。日本の美は陰翳の濃淡によって生まれるのであるという。これは平出が説いた「霞の文化」、光を容易には通さない風景と、よく似ている。闇。影。霞。いずれも、母胎の暗闇に由来するイメージを想起させる。

家と母胎のイメージに通じるところがあるとするならば、富が異界の家からもたらされることにも納得がいく。竜宮城の小さ子たちは竜宮という家から生み出された子供たちだ。柳田が『遠野物語』に書き残した富をもたらす家・マヨヒガは、子宮から生み出される生産性の象徴なのだ。

庭はあの世

異界の家の話をしてきたが、異界は意外にわれわれの身近にある。「鼠の浄土」では庭の穴が異界につながっていた。あるいは、庭そのものが異界であるとも言われる。藤森照信によれば、庭はあの世であり、そこでは時間が止まっている。その説明を引用してみよう。

いかにもの言い方をすると、庭とは時間を無化する装置なのである。証拠もちゃんとあります。白い砂と青い松。白砂青松《はくしゃせいしょう》。これがその証拠。白い砂浜の松の古木の下にはジイさんとバアさんが立っていて、砂の上には尻に毛が生えた亀がいて、空には鶴が飛ぶ。（中略）古来、わが国では、白砂青松の図柄は、千歳万歳《せんざいまんざい》、つまり永遠にかわらないこと、時間のとまっていることのしるしとされてきた。時間という、すべてを変質させ、亡ぼす力のおよばない場であることのしるし。あの世もそうであるし、神さまのいるところもそういう場だ。（中略）

語源からもこのことは証明されていて、「ニワ」というのは神さまのおわすところの前の広がりをさした。供物を並べたり、祈ったり、神の言葉を聞いたり、神楽を舞ったり、相撲を奉納したり、そういう場を「ニワ」といった。[16]

ニワ、庭では、時間という「死」そのものが排除されているのだという。そのような庭を擁することで日本の家屋は、あの世や神々の世界、すなわち「異界」を、生活のすぐ隣に位置づけているのだ。

16　藤森、『増補版　天下無双の建築学入門』ちくま文庫、二〇一九年、二二二〜二二三頁。

第2章
生まれなおす家──娘から女へ、少年から英雄へ

昔話の「ヘンゼルとグレーテル」に、恐ろしい魔女が住むお菓子の家がでてくる。「赤ずきん」の話でも、おばあさんの家の中で起こる事件が話の中心だ。子供たちにとっての「家」は、試練の場となっていることがある。つまり子供たちは家によって二度目の生を与えられる。「生みなおされる」のだ。本章ではこのような家の役割について考えていきたい。

ハウルの城

「生まれなおす家」の題材としてまず、現代のアニメ作品を取り上げたい。宮崎駿監督の

ハウルと老婆になったソフィー。ハウルはカルシファーの火で料理をしている。

『ハウルの動く城』（二〇〇四年公開）だ。ここでは「城」が重要な役割をはたしている。

まずは『ハウルの動く城』のあらすじを紹介しよう。

帽子屋を営む少女ソフィーはある日「荒れ地の魔女」の呪いを受けて九〇歳の老女に姿を変えられてしまう。「ここにはいられない」と考えたソフィーは家を出て、やがて荒れ地にたどり着く。そこで彼女はカカシの「カブ」を助け、カブが連れてきた「ハウルの動く城」に遭遇する。城の中に入り込んだソフィーは、暖炉の中に火の悪魔カルシファーがいるのを見つける。ハウルと契約しているカルシファーこそが、「動く城」の動力であった。

この「動く城」というのは、さまざまながらくたのように見える部品の寄せ集めで、四本の脚があって自ら動き回ることができる。この城の中で、ハウルとソフィー、そしてハウルの弟子の少年マルクル、カルシファーの四名による不思議な「家族」が営まれることになる。

家族の描写として特に印象的なのは、食事風景である。ハウルがカルシファーの炎で調理し、ソフィーが手伝い、ハウルが合図して食事が始まる。家長的なハウルの位置づけが見て取れる場面だ。

中盤では戦争がはじまり、ハウル、ソフィーらが巻き込まれていく。

物語の終盤で城は一度崩壊するが、再び形を成し、以前よりはずっとシンプルな形で再生し、飛ぶことができるようになる。ソフィーとハウルは城で仲睦まじく暮らしていくことが暗示され、物語は終わりを迎える。

ソフィーにおける少女と母

ソフィーは一八歳の少女から九〇歳の老女に姿を変えられ、その後少女に戻ったり老女になったりと安定しない。この呪いは結局解けたのかどうか不明のまま終わる。

古川のり子は『昔ばなしの謎』[1]において、「姥皮」の昔話とソフィーの類似について指摘している。「姥皮」では娘が頭から皮をかぶるが、ソフィーは帽子屋の娘として帽子をかぶっている。頭にかぶりものをしているという共通点がある。「姥皮」の話は、継母から家を追い出された娘が乳母に姥皮をもらい、それをかぶって老女になってお屋敷で働く。風呂の時にだけ皮を脱ぐのであるが、それを見た若旦那が一目ぼれし、恋煩いに陥る。最終的に老女が姥皮を脱いで若旦那の妻となる。[2]

この主人公の娘は、姥皮を脱ぎ着することによって、老女と少女を行き来する。その点でもまた、帽子屋の娘であり、少女や老女に姿を変えるソフィーと繋がるのだ。

老女ではないが、少女と母が循環する神話として、インドにも興味深い神話がある。叙事詩『マハーバーラタ』に記される、マーダヴィーという少女の話だ。

バラモンのガーラヴァがガルダ鳥を連れて、師への謝礼として支払う「黒い耳をした純血種の月のように輝く白馬八百頭」を探して旅を続けていた時、ヤヤーティ王の王国に立

1 角川ソフィア文庫、二〇一六年、初出山川出版社、二〇一三年。
2 古川、前掲書、二三七頁。

ち寄り、馬を求めた。ヤヤーティ王にはそれを与えるだけの財政的余裕がなかったので、代わりに娘のマーダヴィーを、次のように言ってガーラヴァに与えた。「この娘は四つの家系を確立させせる者で、容姿の美しさにおいて並ぶものがない。王たちは彼女を妻とする婚資として、八百頭の黒い耳の白馬などたやすく出すだろう」。ガーラヴァはマーダヴィーを連れてアヨーディヤーのイクシュヴァーク家の王ハリアシュヴァの所へ行き、八百頭の馬と引き換えにマーダヴィーを妻として与えようと言った。ハリアシュヴァはそのような馬を二百頭しか持っていなかったので、マーダヴィーとの間に一人の息子を作ることを条件に、二百頭の馬を差し出そうと言った。するとマーダヴィーはこう言った。「私はバラモンより恩寵を授かっていて、子を産むたびに処女にもどることができます。あなたは四人の王に私を与えなさい。そうすればあなたの望む八百頭の馬はそろうでしょう。私には四人の息子ができるでしょう」。ハリアシュヴァ王は婚資の四分の一（白馬二百頭）でマーダヴィーを受け取り、一人の息子ヴァスマナスをもうけた。マーダヴィーは処女にもどり、ガーラヴァ仙に連れられて、ディヴォーダーサ王のもとへ行き、同じように二百頭の白馬と引き換えに一人の息子プラタルダナをもうけた。次にボージャ族の王ウシーナラとの間にシビをもうけた。

ガーラヴァとマーダヴィーが残り二百頭の白馬を求めて旅を続けようとするとガルダ鳥が現れ、残り二百頭の黒い耳の白馬は川に奪われてすでに存在しておらず、入手するのは不可能であるから、ヴィシュヴァーミトラ仙には六百頭の馬と、マーダヴィーを贈りなさいと助言した。ガーラヴァはその助言に従い、師であるヴィシュヴァーミトラ仙のもとへ行き、六百頭の黒い耳の白馬と、マーダヴィーを贈った。ヴィシュヴァーミトラ仙はたいへん喜び、マーダヴィーとの間にアシタカをもうけた。マーダヴィーは再び処女を回復し、父王のもとへ帰った。

ヤヤーティ王は娘の婿選び式スヴァヤンヴァラを行おうと、森に求婚者たちを集めた。しかしマーダヴィーは全ての求婚者を素通りし、「森」を夫に選んだ。彼女は父の戦車から降り、親族に敬礼してから、森に入り苦行をし、鹿のような生活を送った。[3]

マーダヴィーは、四人の男と性的交わりを持ち、そのたびに子を産んで、その後すみやかに処女を回復する。処女・少女と母の役割の双方を交互に果たしているのだ。

ソフィーの場合は、先述のように帽子屋の娘であり、帽子をかぶった姿で登場した。姥

3　『世界女神大事典』「マーダヴィー」（沖田執筆項目）を引用した。

空を飛ぶ「ハウルの城」。最終場面より。© 2004 Studio Ghibli・NDDMT

皮をまとった昔話の少女と同様の意味がそこには認められる。すなわち胞衣をかぶった状態の、これから一人前の女性になる少女ということだ。同時に彼女はハウルにとって「母」のようにふるまう。たとえばハウルが自分の美しさを失ったと思って寝込んだ時には、母のように彼の世話を焼いた。王室付き魔法使いのサリマンに会うときには、「ハウルの母」と名乗っている。つまりソフィーは、姿だけではなくその役割も、恋する少女とハウルの世話をする母との間を行き来しているのだ。

そのような年齢を超越した女神的ソフィーを「生み出した」のが、「ハウルの城」であった。少女ソフィーは母胎としての意味のある城の中で育まれ、城が崩壊した時には、少女

＝母＝老女一体の女神的性質を持つ存在として、ハウルを助けられるほどの強さを身につけたのだ。

川中紀子も、「ハウルの城」が母胎であることを論じている。その入り組んだ内部は体内や産道を思わせ、ハウルにとって「母」ソフィーとともに共同生活を送る母子一体の場である。そして城の崩壊は「母なるもの」との分離を表わすのだという。[4]

さらに川中は、作品中にでてくるもう一つの重要な「家」についても言及している。それはハウルが幼少期を送った「小屋」である。ハウルは魔法の扉を使ってそこにソフィーを連れて行く。小さな小屋の周りは花畑だ。そこはハウルの故郷であり、したがって母なるものである。そこを通じて、ソフィーはハウルとカルシファーの過去を見ることになり、「未来で待ってて」と告げる。こうして未来と過去と現在がつながり、物語は円環をなす。

ソフィーが少女と母と老女を行き来する円環的な存在であるように、この物語自体もまた、過去現在未来を行き来する円環構造なのだ。

4　「宮崎駿『ハウルの動く城』における「母なるもの」の「元型」について：英雄神話およびブリュンヒルド・モチーフとの比較」Shoin literary review (44), 1-35, 2011, p. 14.

「ヘンゼルとグレーテル」と魔女のお菓子の家

『ハウルの動く城』に見られたような、母胎としての役割を果たす家は、昔話や神話などにも多く出てくる。次に、『グリム童話』を考えていきたい。『グリム童話』の中でもとりわけ名高い作品に「ヘンゼルとグレーテル」がある。親に捨てられた二人の兄妹がお菓子の家を見つけて大喜びするが、実はその家は人食い魔女の家であった。兄妹はどのようにしてそこから逃げてきたのか。まずはこの話を見ていこう。

森の入口に木こりが住んでいた。ある時大きな飢饉があって、食べるものに困窮するようになった。木こりには二人の子どもがいた。男の子をヘンゼル、女の子をグレーテルといった。木こりの妻は、この二人の子どもを森の奥に置き去りにして口減らしをしようと提案した。夫はどうしても断り切れず、仕方なく二人の子どもを森の奥に置き去りにして家に帰った。

子どもたちは夜遅くに深い森の中で目が覚めて、森をさまよった。歩けば歩くほど、奥深くに迷い込むようだった。やがて小さな家を見つけた。その家はパンで作られていて、屋根は卵焼きのお菓子、窓は白砂糖でできている。ヘンゼルとグレーテルは大喜びで、お菓子の家を食べ始めた。すると家の中から一人のおばあさんが出てきた。子どもたちを優しく家に招き入れ、ご馳走を出してきれいな寝台に寝かせてやった。

ところがこのおばあさんは魔女で、子どもを捕まえては殺して煮て食べるのであった。魔女はヘンゼルを家畜小屋の中に閉じ込めて、グレーテルにはヘンゼルの食事を運ばせる仕事を言いつけた。ヘンゼルを太らせて脂身がついたところで食べようというわけだ。魔女はヘンゼルのところに毎朝通い、その指を握って、脂身がついているかどうか確かめるのだった。そのたびにヘンゼルは、何かの小さな骨を魔女に握らせて、ひと月の間時間稼ぎをしていた。

魔女はついに我慢できなくなり、ヘンゼルを食べることにして、グレーテルにかまどの様子を見るように言いつけた。グレーテルはかまどに近づいて行った魔女の背中をどんと押すと、そのまま鉄の戸を閉めて、魔女を焼き殺した。

ヘンゼルのもとに駆けつけたグレーテルは兄を家畜小屋から出してやった。ふたりは大喜びで、魔女の家から真珠やいろいろの宝石を持てるだけ持って、森に入った。途中で川を渡り、やがて二人は家に帰ることができた。父は大喜びで子どもたちを迎えた。継母はすでに死んでいた。[5]

お腹を空かせて森をさまよっていたヘンゼルとグレーテルは、お菓子の家に魅入られて魔女の家に囚われるが、知恵と力を出し合って、最後には魔女を殺して家に帰ることができた。

木下康光は、「グリム童話の小さな英雄たち――『ヘンゼルとグレーテル』をめぐって」[6]において、この話には英雄譚としての側面があると述べる。神話や伝説の英雄は旅に出て竜や鬼などの怪物を退治し、財宝を持って帰還する。ヘンゼルとグレーテルもまた、家から遠く離れた場所で魔女を倒し財宝を持って家に帰る。

木下はまた、この童話にはギリシア神話の英雄オデュッセウスの冒険と似たところがあると説く。それは一つ目巨人ポリュペモスを欺く場面である。オデュッセウスは旅の途中で一つ目怪物のポリュペモスの洞窟に捕らえられるが、その巨人の目をつぶしたうえで、羊の腹にしがみついて巨人の洞窟から逃れたのであった。「目がつぶれている」という点

5 金田鬼一訳『完訳 グリム童話集』1、岩波文庫、一九七九年、一五六〜一七一頁を参照した。
6 『言語文化』一三―二、一七一〜一八九頁、二〇一〇年。

『ポリュペモスの洞窟のオデュッセウス』、ヤーコブ・ヨルダーンス、17世紀初頭、プーシキン美術館所蔵。

で、「ヘンゼルとグレーテル」の魔女の目が悪かったとされているところに通じ、羊の腹にしがみついて巨人を欺いたという点では、詐術を用いるという意味で、ヘンゼルが指の代わりに小さな骨を魔女に握らせたというところに通じる。

さらに私見によればこの童話は、『オデュッセイア』の魔女キルケの段とも比較できる。魔女キルケは屋敷にやって来る男たちを豚に変えて豚小屋に入れていた。オデュッセウスはヘルメスから知恵を授かってキルケのもとへ行き、仲間たちをもとに戻してもらい、女神でもあるこの魔女にもてなされて、一年の時を過ごしたのち、ふたたび故郷への旅に出た。「ヘンゼルとグ

『オデュッセウスに杯を差し出すキルケ』、ジョン・ウィリアム・ウォーターハウス、1891年、オールダム・ギャラリー所蔵。

レーテル」でも、魔女に悪意があるかないかの違いはあるものの、兄妹はその家にしばらくとどまったのち、そこから出て家に戻る。妹は魔女の家で雑用などをさせられるが、兄は家畜小屋に入れられた。このことは、オデュッセウスの部下たちがキルケによって豚に変えられて豚小屋に入れられたことに対応している。

キルケの屋敷や魔女の家が、英雄たちや子どもたちの試練の場となり、そこを経て故郷へ帰るための役割を果たしていると見ることができる。

ヘンゼルのために知恵を出して最後には魔女をかまどで焼いて退治してしまうグレーテルには、オデュッセウスの守護女神としてのアテナの側面が見られることも付言しておこう。グレーテルは最初はただ泣いているだけの弱々しい妹であったが、魔女の家に滞在するうちに成長を果たし、ついには魔女を殺害して兄を助け出すまでになる。「家」が試練の場となってグレーテルを生みなおしたのだ。

グレーテルの、アテナ女神に通じる「知恵」として、子どもたちが帰路で川を渡る場面が挙げられる。家に帰ろうとする二人の前には川が流れていて、橋も舟もない。兄が困り果てていると、妹が「鴨に乗せてもらいましょう」と提案する。さらに、二人が一緒に乗ったら鴨が重くてかわいそうだから、一人ずつにしましょうと言って、その通りにして鴨に向こう岸まで渡してもらう。このように知恵を発揮する点で知恵の女神アテナに似たグレーテルは、前章で取り上げた、ハウルの城に育まれて女神的存在となったソフィーとも似ているところがある。どちらも「城」や「家」で生まれなおして女神的存在として成長を遂げたのだ。

魔女の家は「異界の家」である。そのことが分かるのは、先ほども挙げた川の場面だ。川は異界と現世の境界である。たとえば三途の川のように、神話で川は生と死の世界を隔てる役割をする。同様のものとしてギリシアのステュクス川もある。兄妹が川を渡らなければならなかったということは、すなわち魔女の家が異界にあったことを示す。第1章の「異界の家」につながる要素である。つまり、異界には死の世界としての意味が含まれており、そこにある魔女の家は「死の家」にほかならない。「怖い家」なのだ。

また、二人の子供がお菓子の家の菓子を食べてしまったことには、意味がありそうだ。これはひとつの「ヨモツヘグヒ・モチーフ」だ。日本神話でイザナミが黄泉の国の食べ物を食べた(ヨモツヘグヒ)から地上に帰れなくなったように、またギリシアの神話でペルセポネが冥界で柘榴の実を食べたために完全には地上に戻ることができなくなったように、二人の子供も異界の菓子を食べて、魔女の所属する異界の住人となってしまったのだ。

そこから帰ってくるために、境界である川を渡ることがどうしても必要だった。

赤ずきんのおばあさんの家

ヘンゼルとグレーテルの魔女の家が「生みなおす家」だとするならば、ペローの童話「赤ずきんちゃん」のおばあさんの家にも、同様のはたらきがある。その話を見てみよう。

村にたいそう美しい女の子がいて、おばあさんに作ってもらった赤いずきんをかぶっていたので、「赤ずきんちゃん」と呼ばれていた。ある日赤ずきんは、母親のお使いで別の村に住むおばあさんのところにガレットとバター壺を持って行った。途中の森で赤ずきんを見た狼は、おばあさんの家に先回りしておばあさんを食べてしまい、ベッドに横になって赤ずきんを待った。赤ずきんがドアをノックして、「赤ずきんです。お母さんのお使いで、ガレットとバター壺を持ってきたの」と言うと、狼が「入っておいで」と答える。赤ずきんは戸を開いて入っていった。狼は毛布の下に隠れて言った。

「こっちへ来ておばあちゃんとお休み」

赤ずきんは服を脱いでベッドに入ろうとしたが、部屋着のままのおばあさんを見てとても驚いた。

「おばあさん、なんて大きな腕をしているの？」

「お前を上手に抱けるようにだよ」

「なんて大きな脚をしているの？」

「早く走れるようにだよ」

「なんて大きな耳をしているの？」

「よく聞こえるようにだよ」

「なんて大きな目をしているの？」

「よく見えるようにだよ」

「なんて大きな歯をしているの？」

「お前を食べるためさ」

こうして狼は赤ずきんにとびかかって食べてしまった。[7]

7 新倉朗子『完訳 ペロー童話集』岩波文庫、一九八二年、一七六〜一七九頁を参照、一部引用した。

赤ずきんはおばあさんの家に行くが、そこにはおばあさんに取って代わった雄の狼が待っていた。赤ずきんは服を脱いでその狼が寝ているベッドに入り、最後には食べられてしまう。

この話が含意しているのは、第一に、赤ずきんの処女喪失だ。狼は森で赤ずきんを見て、おばあさんの家でベッドに横になって待ち伏せしている。そして赤ずきんに服を脱がせて寝台に上がらせた。この表現には、性的な意味合いが含まれているものと思われる。片木智年は『ペロー童話のヒロインたち』において、この場面の詳細をこのように説明している。

赤ずきんは自分で「服を脱ぐと」、狼に言われるままにベッドに入って一緒に横になる。フランス語の原文では言葉の二重性を利用して、さらに性的な意味合いがはっきりと示されている。狼がベッドの中で付けているのは一種の薄い「肌着」だが、この言葉はフランス語の原文ではまた衣服を脱いで裸になった状態を指す形容詞でもある。そして赤ずきんは「肌着」（＝裸体）になった狼の体がどんな風にできているかを知って「驚く」のである。[8]

8　片木、『ペロー童話のヒロインたち』せりか書房、一九九六年、一五八頁。

このように述べた上で片木は、この話が赤ずきんの「性的イニシエーション（通過儀礼）」であり、そこに向かう少女の姿には「娘の側からの積極性」が見られるものと指摘している。[9]

この話には第二の意味もある。赤ずきんの「生命」に関わるイニシエーションとしての意味だ。ペローの話では赤ずきんは狼に食べられて終わってしまうので、この場合は少女はおばあさんの家という通過儀礼の場で「生まれなおす」ことに失敗したことになる。ところがこの話は『グリム童話』にもあり、その場合赤ずきんは狼の腹の中から猟師によって取り出されて生き返ったことになっている。赤ずきんは「生まれなおす」ことに成功したのだ。

この二つの話を考慮すると、狼には二面性があることになる。ペローの場合のように赤ずきんの処女を喪失させる「男」の側面と、グリムの場合のように赤ずきんの命を呑みこみ、そして再び生み出す「母」としての側面である。処女を喪失することは、痛みを伴い未知の状態へ移行する恐ろしいことである。それをもたらす男を女は警戒する。それが狼

9　片木、前掲書、一五八頁。

という「怖い」動物として表われるのだ。

産み、そして命を回収する女

前著『怖い女』[10]で論じたことであるが、女神や女性には、命を生み出す「生」の側面と、その自ら生み出した命を呑みこむことで死をもたらす「死」の側面の両方が備わっている。そのことがよく分かるのが、すでに何度か取り上げたが、日本神話の原初の女神イザナミだ。『古事記』ではその話は次のように語られている。

原初の時のこと、天の神々はイザナキとイザナミの二人の神に、「この漂っている国を整えて、作り固めなさい」と命じて、アメノヌボコという神聖な矛を与えた。二人の神は天と地の間に架かった天の浮橋に立って、その矛を下の世界にさし下ろして、海水をこをろこをろとかき鳴らして引き上げた。するとその矛から滴り落ちた塩水が積もって島となった。これがオノゴロ島である。

10　原書房、二〇一八年。

イザナキとイザナミはオノゴロ島に降りて来て、神聖な柱と、広い御殿を建てた。そこで二人はお互いの性に関する無邪気な問答を行う。イザナキが女神のイザナミに、「あなたの身体はどのようにできていますか」と尋ねると、イザナミは「吾が身は成り成りて成り合わざる所一所あり」と答える。成って成って成りあわないところ（足りないところ）が一つある、と。するとイザナキは、「我が身は成り成りて成り余れる所一所あり」と言う。このようにお互いの体の違いを確認する会話を交わしてから、二人は結婚して子を産むことにする。

二人は柱の周りを回って結婚することにした。イザナキは左から、イザナミは右から柱を回って、出会ったところで、まずイザナミが「あなたはなんて素敵な男性なんでしょう」と言い、次にイザナキが「あなたはなんて可愛い乙女なんだろう」と言って、二人は結婚した。この時女であるイザナミが先に言葉を発したのは良くないことであった。そのために、生まれてきたのは不具のヒルコだった。この子は葦の船に乗せられて棄てられた。次に生まれた淡島も、子供の数には入らなかった。

満足のいく子が生まれないので、イザナキとイザナミは天の神のところに相談に行った。すると天の神は占いをして、女であるイザナミが先に言葉を発したのが良くなかったためだと教えた。そこで二人の神は再びオノゴロ島に戻ってきて、結婚のやり直しをした。こうしてこの二神から、国土が次々に誕生した。その次に多くの神々が誕生した。

ところが火の神カグツチを生んだために、イザナミは女性器を焼かれて死んでしまった。イザナキは、愛しい妻を一人の子どもに代えてしまったと言って激しく嘆き悲しみ、腰に佩いていた剣でカグツチの頸を切った。

イザナキは死んでしまったイザナミにどうしても会いたくて、黄泉の国まで追って行った。御殿の戸から迎えに出てきたイザナミに、イザナキは一緒に地上に帰ろうと頼んだ。するとイザナミは、自分はもう黄泉の国の食べ物を食べてしまったから帰ることはできないが、せっかく来てくれたのだから、黄泉の国の神と相談してみましょう、と答え、その間決して私の姿を見ないで下さいねと言って、御殿の中に入って行った。しかしイザナキはどうしても待ちきれなくて、髪に挿していた櫛の歯を一本折って、そこに火をつけて覗いてみると、女神の身体には蛆がたかり、身体のあちこちに雷が出現していた。

驚き恐れたイザナキがあわてて逃げ帰ろうとすると、約束を破って自分の姿を見られたことを恥じて怒ったイザナミが、ヨモツシコメ（黄泉の国の醜女）らにイザナキを追いかけさせた。イザナキは身に着けていた髪飾りや櫛を投げながら逃げて、黄泉と地上の境にある黄泉比良坂（ヨモツヒラサカ）のふもとまでやって来たとき、そこに生えていた桃の実を三つ取って投げると、黄泉の国の軍勢はことごとく退散した。

最後にイザナミ本人が追いかけてきた。それを見たイザナキは巨大な岩を引きずってきて、道を塞いだ。そしてその岩を挟んでイザナキとイザナミは、夫婦の別離の言葉を交わした。イザナミが「私はあなたの国の人々を、一日に千人殺しましょう」と言うと、イザナキは「それなら私は、一日に千五百の産屋を建てよう」と言った。こうして、一日に千人の人が死に、その代わりに一日に千五百の人が生まれることになった。

はじめイザナミは、国土と神々を産み出した、麗しい「産む女神」であった。しかし死んで黄泉の国に行くと、一転して醜い腐乱死体となり、その姿を見てしまった夫を恨んで追いかけてくる「恐るべき女神」に変わった。そして夫との問答の末、人間に死の運命を定めた。「美から醜」、「生から死」、「麗しの女神から恐るべき女神」へと、正反対に性質を変えたのだ。この点においてイザナミは、女神というものの持つ普遍的な本質を体現している。産んだからには、殺さねばならない。すなわち、命を回収しなければならないのだ。

生みなおす女神、生まれなおす家

女神の「呑みこみ、生み出す」という側面に着目すると、インドに参考になる神話がある。『ラーマーヤナ』に記されるハヌマーンの話だ。

ハヌマーンが、ラーマ王子の妃シーターを探すために勢いよく空中を飛翔していると、彼の武勇を試したいという神々の依頼を受けた女神スラサーが、醜く恐ろしい羅刹女の姿を取ってハヌマーンをさえぎり、彼を食べようとした。ハヌマーンが事情を説明し、シーターとラーマに会ってからあなたの口に入りましょうと言うと、スラサーは「何者も、私に食べられないで通り過ぎる者はいない。これは私の特権です」と言い、口を大きく開けた。ハヌマーンは怒って、「私が入れるよう、口をもっと大きく開けて」と言った。スラサーとハヌマーンは競い合うようにそれぞれ口と体を大きくした。スラサーが口を百ヨージョナに開けたとき、ハヌマーンは巨大な体を縮めて、親指ほどの大きさになり、スラサーの口に入り、そこから飛び出した。女神スラ

しく、美しく生きる彼女たちのリアル

ト・ドキュメント　世界の母系社会

ナディア・フェルキ／野村真依子訳

世界のさまざまな地域で引き継がれている「母系社会」。どのようにして生まれ、そして歴史をつむいできたのか。写真家にして研究者でもある著者が10年にわたって撮り続け、交流してきた貴重な記録。

B5変形判（188㎜×232㎜）・3600円（税別）ISBN978-4-562-07197-5

して人はメガネの虜になった！その誕生から最先端デザインまで

ォトグラフィー］メガネの歴史

ジェシカ・グラスコック／黒木章人訳

13世紀に誕生した世界初の老眼鏡から、片眼鏡、オペラグラス、サングラス、レディー・ガガの奇抜なファッション眼鏡まで。ときに富や権力、女性解放の象徴となった眼鏡の意外で奥深い歴史を、豊富なビジュアルで解説。

A5判・3500円（税別）ISBN978-4-562-07201-9

は安住の場所か？それとも……

い 家

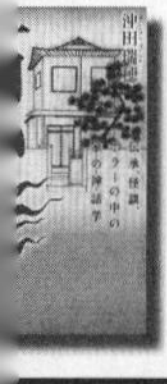

伝承、怪談、ホラーの中の家の神話学

沖田瑞穂

世界の神話や昔話などの伝承、現代のフィクション作品に見られる、家をめぐる怖い話の数々。そこに「いる」のは、そして恐怖をもたらすのは、人々にとって家とは何なのか。好評既刊『怖い女』に続く、怪異の神話学。

四六判・2300円（税別）ISBN978-4-562-07202-6

日新聞国際発信部による英訳も掲載！

対照　天声人語　2022夏［Vol.209］

朝日新聞論説委員室編／国際発信部訳

2022年4月～6月分収載。琵琶なかりせば／カチンふたたび／グッバイ、プーチン／20歳の完全試合／アマゾンと労組／観光船の遭難／用事のない旅／歌よむ和尚／ネクタイ氷河期／アサリの春／金芝河さんを悼む／兵士よ、君は人間だ／書店消失／ノーヒットノーラン／カメラ小僧逝く／語り継ぐ石たち／バナナと小売価格／ロックの日／アミノ酸があった／いい店、だめな店／夏草や ほか

A5判・1800円（税別）ISBN978-4-562-07176-0

求の本当の形を明らかにする「緯度1度」の長さを求めて

度を測った男たち

18世紀、世界初の国際科学遠征隊の記録

ニコラス・クレーン／上京恵訳

1735年から、赤道での地球の緯度1度当たりの子午線弧を計測するために赤道へ向かったフランス科学アカデミーの遠征隊。困難をくぐりぬけ、壮大な実験を行った、世界初の国際的な科学遠征隊のおどろくべき冒険の記録。

四六判・2700円（税別）ISBN978-4-562-07181-4

事から見た暴君たちの素顔。

界史を変えた独裁者たちの食卓 上・下

クリスティアン・ルドー／神田順子、清水珠代、田辺希久子、村上尚子訳

ヒトラーの奇妙な菜食主義、スターリンが仕掛けた夕食会の罠、毛沢東の「革命的」食生活、チャウシェスクの衛生第一主義、ボカサの皇帝戴冠式の宴会、酒が大量消費されたサダムのディナーなど、この本は暴君たちの食にまつわる奇癖やこだわりを描く。

四六判・各2000円（税別）（上）ISBN978-4-562-07190-6
（下）ISBN978-4-562-07191-3

英帝国の発展と味覚や嗜好の変化の興味深い関係

ギリスが変えた世界の食卓

トロイ・ビッカム／大間知 知子訳

17－19世紀のイギリスはどのように覇権を制し、それが世界の日常の食習慣や文化へ影響を与えたのか。当時の料理書、新聞や雑誌の広告、在庫表、税務書類など膨大な資料を調査し、食べ物が果たした役割を明らかにする。

A5判・3600円（税別）ISBN978-4-562-07180-7

と城門の見方がわかれば城めぐりはグンと楽しくなる！

近世城郭の作事 櫓・城門編

三浦正幸

城郭建築としては華やかな天守の陰に隠れながら、防備の要として各城の個性が際立つ櫓と城門を詳しく解説した初めての書。城郭建築研究の第一人者が、最新の知見に基づき、350点におよぶカラー写真と図版を用いマニアックに解説。

A5判・2800円（税別）ISBN978-4-562-07173-9

サーは本来の姿に戻り、ハヌマーンを祝福した。[11]

この話でスラサー女神は、ハヌマーンを呑みこむ「恐るべき女神」であるが、その体内からハヌマーンを吐き出すことで彼に通過儀礼を課し、その母胎によって彼を「生みなおす」働きをした、母なる女神なのだ。

ペローとグリムの赤ずきんの話に戻ると、狼はまず、赤ずきんの処女を奪う「男」である。同時にその命を腹の中に呑みこみ、その腹から出すことで少女の通過儀礼を可能にした、母なる存在でもある。狼の性質を総合的にとらえると、そこには男と母の両性具有性が認められるように思われる。狼は男として赤ずきんに性的イニシエーションをほどこし、母として彼女に生命のイニシエーションをほどこしたのだ。その狼が待つ「家」こそ通過儀礼の場であり、赤ずきんが「生まれなおす」場所であり、それは彼女を少女から女性へと変化させる、つまり痛みをともなって未知の状態へといざなう、怖い場所であるのだ。

11 『世界女神大事典』「スラサー」（沖田執筆項目）を引用した。ただし引用元のハヌーマットの表記をハヌマーンに変更している。

白雪姫のこびとの家

『グリム童話』の白雪姫の話では、白雪姫をかくまったこびとたちの「家」が、「ヘンゼルとグレーテル」の魔女の家や「赤ずきんちゃん」のおばあさんの家と同様のはたらきをしている。

昔、ある国のお妃がかわいい女の子を産んだ。その子は雪のように白く、血のように赤く、黒檀のように黒い髪をしていたので、白雪姫と名付けられた。お妃はその子を産んでまもなく亡くなった。一年後、王は新しい妃を迎えた。この妃は性根が悪く、美しさではかの女に負けるのが許せなかった。妃は不思議な鏡を持っていた。なんでも真実を答える鏡だ。妃は鏡にこう尋ねるのだった。

「鏡よ、壁の鏡よ、国中でいちばん美しいのは誰?」

鏡は答えるのだった。

「お妃さま、あなたが国中でいちばんお美しいです」

白雪姫は、成長するにつれて美しくなっていった。七つになるころには、妃よりも美しくなっていた。妃が鏡にいつものように問うと、鏡は「白雪姫がいちばん美しい」と答える。嫉妬に狂った妃は狩人を呼び出し、白雪姫を森に連れて行って殺して、その肺と肝を持ち帰るよう命じた。しかし狩人は白雪姫の純粋な美しさに打たれて逃がしてやり、代わりに子どもの猪の肺と肝を妃に渡した。

姫は森の中でひとりさまよったが、森の獣たちは姫を害することはなかった。そのうち姫は小さな家を見つけた。中に入ってみると、そこには小さなテーブルがあり、七人分の食事の準備がされていた。姫はお腹がすいていたのでそれぞれのお皿やコップから少しずつ取って食べ、あまりに疲れていたので七つのベッドの一つで眠ってしまった。

そこはこびとたちの家だった。こびとたちは帰ってくると自分たちの食事が食べられていて、ベッドにたいそう可愛らしい姫が眠っているのを見て驚いたが、そっとしておいてやることにした。

翌朝白雪姫は目を覚まし、こびとたちに事情を話して、家に居させてもらうことにした。こびとたちは自分たちの面倒を見て煮炊きや片付け、洗濯などをすることを条件に許した。その上でこびとたちは、妃を警戒して、「誰も家に入れてはいけないよ」と忠告した。

妃は、鏡から白雪姫が生きていることを聞いて、こびとの家にやってきた。老婆の姿に変身した妃に気づかず、姫は老婆を家に招き入れると、油断したところを紐で固く締められて息絶えてしまった。しかし帰ってきたこびとたちが紐を切ったので、すぐに息を吹き返した。

次に妃は、またも鏡から姫が生きていることを聞き、今度は毒の櫛を姫に贈った。姫はそれによって気を失ってしまった。今度もまたこびとたちが気づいて櫛を抜き、姫は生き返った。

妃はまたもや鏡から姫が生きていることを聞くと、今度は毒リンゴを用意し、姫に食べさせた。今度こそ、姫は死んでしまった。

こびとたちは仕方なく姫を棺桶に入れた。姫は永くその中で眠っていた。

そこに一人の王子が迷い込んできた。王子はガラスの棺に横たわる姫を見て、こびとにそれを譲ってくれるよう頼んだ。心優しいこびとたちは王子があまりに熱心に頼むので、姫の棺を贈ることに同意した。王子が家来たちに棺を運ばせようとしたとき、白雪姫が食べた毒リンゴが喉から飛び出して、姫は生き返った。

王子は姫に求婚し、二人の結婚式が行われた。そこに赴いた妃は罰を受けて死んでしまった。[12]

12　テオドル・ザイフェルト著、入江良平訳『おとぎ話にみる死と再生』新曜社、一九八九年、一七〜三四頁を参照した。

七人のこびとたちが白雪姫をかくまう。姫は家事を引き受けることを条件に家に住まわせてもらう。しかし妃がやって来て、三度、姫を殺そうとする。三度目に成功して姫は死んでしまう。しかし王子が現れ、姫は生き返り、ハッピーエンド、というわけだ。白雪姫もまた、赤ずきんらと同様に「家」によって「生みなおされた」と言えるだろう。

こびとの家に滞在する意味

もうひとつ着目したいのが、こびとと白雪姫の関係だ。白雪姫はこびとたちの家政婦のように働くことを条件にその家に住まわせてもらう。これが何を意味するのか。

こびとと女性の関係を表わす神話として注目したいのは、北欧神話のこびとの工匠ドヴェルグたちと美と愛の女神フレイヤの話である。このような話だ。

ある時フレイヤは黄金の首飾りを得るために四人のドヴェルグと交わった。このことを知ったロキは、オージンに告げ口をした。オージンの命によって、ロキはフレイヤから首飾りを盗んだ。ロキの仕業だろうと見当をつけたフレイヤは、オージンの屋敷に行き、首飾りを返してくれるよう求めた。オージンは条件を出した。「そなたは、それぞれ二十人の王が仕える二人の王を不仲にし、互いに争わせなければならない。王たちが戦って、倒れると同時に立ち上がって再び戦うという呪いと魔法を、彼らにかけるのだ。そしてこの戦いは、勇敢な首領がこの連中を武器で殺すまで、続くのだ」。フレイヤは承知して、首飾りを受け取り、英雄たちを一四〇年間にわたる戦争に導いた。[13]

話の後半部分は白雪姫とフレイヤとではまったく異なる展開であるが、前半部分で、フレイヤはこびとたちと性的関係を持ち、それによって名高いブリージングの首飾りと思われる宝を手に入れた。

こびとと女神が関連づけられるのは、北欧神話だけではない。たとえばインドの美と愛の女神シュリー＝ラクシュミーも、奇形のこびとであるクベーラ神をはじめとした、こびとたちと関係が深く、特にクベーラとは夫婦であるとされていたこともある。

そうすると、白雪姫のこびとたちの家での滞在にも、性的な意味合いが含まれているの

13　『ソルリの話およびヘジンとホグニのサガ』。菅原邦城『北欧神話』東京書籍、一九八四年、二六七～二六九頁を参照した。

かもしれない。白雪姫のこびとたちの家における立場が、彼らの世話をする「主婦」であることもこの仮説を裏付けるだろう。赤ずきんと同様、白雪姫はその家で性的なイニシエーションを経たのかもしれない。それに加えて三度の生命のイニシエーションとなる生と死の往来を繰り返すことで、二つのイニシエーションを通過して、ようやく王子との結婚に至ったということではないだろうか。

鬼の家のイニシエーション①――サルデーニャ民話

ペローやグリムの話を見てきたが、次にイタリアのサルデーニャに伝わる昔話も考えてみよう。

マリアという少女が人喰い鬼の家に連れて行かれる。鬼はマリアに金色の髪を渡し、それを伝ってマリアのいる塔に登ってくる。ある日人喰い鬼の留守にマリアが禁じられた部屋を見ると、そこには傷つけられた王子が閉じ込められていた。マリアは魔法の瓶にある軟膏を使って王子の傷を治し、三つの魔法の瓶を持って王子とともに馬に乗って逃げる。

ところが途中で人喰い鬼の呼び声に振り向いてしまい、マリアは猫の顔にされてしまう。人喰い鬼に頼んでもとの美しい顔に戻す軟膏をもらって塗り、マリアは王子と結婚した。[14]

人喰い鬼の家に連れて行かれたマリアは、鬼の家で監禁された王子を見つけ共に逃げる。鬼に猫の顔に変えられるが元に戻してもらい、めでたく王子と結婚した。井本（前掲論文）によれば、猫の顔は鬼の支配する「あちら」の力の象徴といえる。それは女性に内包される恐るべき「母なるもの」を表わす。人間と猫という二つの顔を持つマリアは、鬼の家で母なるものの両義性を獲得したと見ることができるのだという。ここでいう「母なるものの両義性」とは、前述のイザナミに典型的に表れていたものである。その女神の二面性を、マリアも獲得したというわけだ。

神話において猫やネコ科の動物はしばしば女神と結びつく。先に取り上げた北欧の美と愛の女神フレイヤは猫に引かれた車を持つ。エジプトには猫の女神バステトや、ライオンの姿の恐るべき女神セクメトがいる。インドでは戦女神ドゥルガーが白いライオンを従え

14 井本恭子「サルデーニャ民話考――閉じこめられる娘」Aula Nuova: イタリアの言語と文化4、二〇〇四年、一〇七～一一七頁を参照した。

『猫が牽く車に乗るフレイヤ』、ニルス・ブローメル、1852年。

悪魔のマヒシャと戦うドゥルガー女神。足元には白いライオン。その下に水牛の姿から本来の姿を現わすマヒシャ。フィラデルフィア美術館。

ている。猫に女性性が表わされているのは間違いないだろう。そして確かにマリアは、鬼の「家」に行くことでイニシエーションを経て生まれなおし、母なるものとしての側面を獲得して帰還を果たしたのだ。

鬼の家のイニシエーション②——昔話「鬼が笑う」

ここまで、ヨーロッパの昔話を見てきたが、日本ではどうだろう。日本の昔話「鬼が笑う」を見てみよう。

娘が鬼にさらわれ、嫁にされ、鬼屋敷で暮らす。娘の母が庵女さまの助けを得て娘を助けにやって来る。娘は母を隠して、鬼が酒に酔いつぶれている時を見計らって逃げ出す。追いかけてくる鬼を振り切るため、娘は陰部をさらけ出す。母娘は無事に家に帰りついた。助けてくれた庵女さまの正体は石塔であった。お礼に母娘は一年に一本ずつ石塔を立てた。[15]

15　千野美和子「日本昔話「鬼が笑う」にみる母性」京都光華女子大学研究紀要四七、二〇〇九年、一〇五～一二〇頁を参照した。

7202
怖い家
沖田瑞穂 著

愛読者カード

＊より良い出版の参考のために、以下のアンケートにご協力をお願いします。＊但し、今後あなたの個人情報(住所・氏名・電話・メールなど)を使って、原書房のご案内などを送って欲しくないという方は、右の□に×印を付けてください。 □

フリガナ
お名前 男・女（ 歳）

ご住所 〒 -

市 町
郡 村
TEL （ ）
e-mail @

ご職業 1会社員 2自営業 3公務員 4教育関係
5学生 6主婦 7その他（ ）

お買い求めのポイント
1テーマに興味があった 2内容がおもしろそうだった
3タイトル 4表紙デザイン 5著者 6帯の文句
7広告を見て（新聞名・雑誌名 ）
8書評を読んで（新聞名・雑誌名 ）
9その他（ ）

お好きな本のジャンル
1ミステリー・エンターテインメント
2その他の小説・エッセイ 3ノンフィクション
4人文・歴史 その他（5天声人語 6軍事 7 ）

ご購読新聞雑誌

本書への感想、また読んでみたい作家、テーマなどございましたらお聞かせください

郵便はがき

料金受取人払郵便

新宿局承認

6848

差出有効期限
2023年9月
30日まで

切手をはらずにお出し下さい

1 6 0 - 8 7 9 1

3 4 3

東京都新宿区
新宿一－二五－一三
（受取人）

原書房
読者係 行

1 6 0 8 7 9 1 3 4 3 7

図書注文書（当社刊行物のご注文にご利用下さい）

書名	本体価格	申込数
		部
		部
		部

名前　　　　注文日　　年　　月　　日

連絡先電話番号　□自宅　（　　　）
（必ずご記入ください）　□勤務先　（　　　）

指定書店（地区　　　）（お買つけの書店名をご記入下さい）　帳合

店名　　　書店（　　　店）

鬼によって母娘が別れ別れになる。母による必死の捜索で娘は家に戻り、母娘関係が回復する。この話にはまた、実母のほかにもう一つの「良き母性」があり、それが庵女さまだ。女性の力が強調された話である。

「家」に着目すると、娘は鬼の家で「妻」となり、その後母との関係を強化し、母の家に戻る。鬼の家が通過儀礼の場となっている。鬼の妻となっていることからは、性的なイニシエーションを経ていることも見て取れる。しかし娘はそこから巣立っていくわけではなく、母の家に戻る。千野（前掲論文）は、この話をギリシアのデメテル―コレの神話と比較し、どちらも誘拐された娘を母が取り戻す話であって、娘の女性的傷つきを癒せるのは母親だけ、と述べる。

試練の家、帰る家

ここまでの分析の一部をまとめたものが次頁の表である。こうして見てみると、試練の家の主は「雄・男」であることがあり、最後に主人公らが帰る場所は主に「男性の場所」だ。ただし日本の場合は「母」の要素が強く出ている。これまで見てきたように、「家」

そのものには母なるもの、母胎としての意味がある。しかしその中に在って子どもたちや少女に試練を課すのは、「男」の属性を持つ存在であるようだ。

	試練の家の主	最後に帰る場所
ヘンゼルとグレーテル	魔女	父の家に戻る（母は不在）
赤ずきんちゃん	雄の狼	父母の家に戻ったものと思われる
白雪姫	こびと	王子と結婚して新しい王宮に
サルデーニャ民話	鬼（男）	王子と結婚して新しい王宮に
鬼が笑う	鬼（男）	母の家に戻る（父に関して記述なし）

試練の家

『マハーバーラタ』より「燃えやすい家とユディシュティラ」

このコラムでは、インドの大叙事詩『マハーバーラタ』に出てくる家の話を見てみよう。

『マハーバーラタ』は紀元前四世紀から紀元後四世紀にかけて作られた長大な叙事詩で、その中核は戦争物語である。パーンダヴァと総称される五人の王子と、彼らの従兄弟にあたる、カウラヴァと総称される百人の王子との確執が戦争の原因となった。カウラヴァ百兄弟、とくにその長兄であるドゥルヨーダナは常にパーンダヴァ兄弟を消し去ろうと画策していた。

ある時ドゥルヨーダナは、パーンダヴァの長兄ユディシュティラに王位継承権を奪われることを恐れ、父ドリタラーシュトラ王を巧みに説得し、パーンダヴァ五兄弟を母クンティーとともにヴァーラナーヴァタの都に追放させた。その上でドゥルヨーダナは腹心のプローチャナという男を呼び、次のように命令した。

「パーンダヴァたちは父王ドリタラーシュトラによってヴァーラナーヴァタに送られた。彼らはそこで祭りを楽しむだろう。おまえはロバに牽かせた車に乗って、すみやかに今日中にヴァーラナーヴァタに着くようにせよ。そこへ行って、彼らのための豪華な家を作るのだ。ただしその材料は、麻や樹脂など、何でも燃えやすいものを使うのだ。たくさんのバター、油、ラックを土に混ぜて、その塗料を壁に塗らせよ。麻、竹、バター、木材、様々な器具を、その家の至るところに配置せよ。パーンダヴァたちが調べても、おまえを疑わないようにせよ。他の人々が、燃えやすい素材であると疑わないようにせよ。そして家ができたら、パーンダヴァたちに最高の敬意を示して、パーンダヴァとクンティーを、供の者たちとともに住まわせよ。そこには最高の座席と乗り物と寝台が、パーンダヴァのために用意されるべきである。時が来るまで、ヴァーラナーヴァタの町で彼らが疑うことなく楽しめるように、全てを準備せよ。しかし、彼らが安心して恐れることなく眠っていると確信したら、おまえはその家の入口に火を放て。彼らが焼死したら、人々や親族は、彼らのことを、自分の家で焼死したと言うだろう」。

ドゥルヨーダナの画策通り、パーンダヴァはヴァーラナーヴァタの都に入り、市民から熱烈な歓迎を受けた。彼らがそこに滞在して十日が経つと、プローチャナは彼らに「吉祥」と呼ばれる家を提供した。しかしユディシュティラは即座にその家が燃えやすい素材で作られていることを見抜いた。彼がそのことを兄弟たちに話すと、次兄のビーマは前の宿舎に戻ろうと言ったが、ユディシュティラはあえてその燃えやすい家に留まることを提案した。

「もし我々が焼かれることを恐れて逃走したら、王位を望むドゥルヨーダナはスパイに我々皆を殺させるだろう。我々には地位がないが、彼にはある。我々には味方がいないが、彼にはいる。我々は財産を持たないが、彼は持っている。彼は必ず手段を講じて我々を殺すだろう。それゆえ、我々はあの悪者（プローチャナ）と邪悪なドゥルヨーダナからうまく逃れて、どこかに隠れて住むべきだ。良い考えがある。地面に秘密の穴を掘るのだ。そこに入って息をひそめていれば、火が我々を焼くことはないだろう。我々がそこにいることは、プローチャナも市民も分からないだろう。注意深く、そのように取り決めよう」。

ちょうどその時、パーンダヴァの叔父で、彼らの味方であるヴィドゥラの友人の穴掘り師がやって来て、燃えやすい家の地下に避難用の穴を掘り始めた。

彼は溝を掘って大きな穴を作った。その家の中央に小さく入口が作られた。扉は床と同じように分からないように取り付けられた。プローチャナに露見しないように、入口は隠して作られた。プローチャナは邪な心でいつも家の入口にいた。パーンダヴァたちは皆武装して夜を過ごした。彼らは日中は森から森へと狩りをして歩き回った。安心しているように見せかけて安心せず、プローチャナを欺き、喜びに満たされているように見せかけて喜ばず、非常に苦しみながら暮した。都に住む人々は彼らの行動を理解できなかった。ヴィドゥラの従者である、あの優れた穴掘り師以外には。

そして一年が過ぎた。ユディシュティラはプローチャナがすっかり油断しているのを見て取ると、自分たち五人と母クンティーの身代わりとしてニシャーダ族の女とその五人の息子を燃えやすい家の中に残し、プローチャナの寝ている場所へ火をつけた。プローチャナとニシャーダ族の家族はその家の中で焼死した。ヴァーラナーヴァタの市民たちは、パーンダヴァが死んだと思って悲しんだ。しかしパーンダヴァとクンティーは、穴掘り師の掘った穴から逃れ、森の中に避難した。

『マハーバーラタ』の話の流れでは、パーンダヴァ五兄弟は母とともに旅をし、この燃えやすい家の事件を経て、ドラウパディーという絶世の美女を五人の共通の妻とすることになる。つまりこの「家」の話は、少年から一人前の英雄になるための通過儀礼となっているのだ。

また特に、ユディシュティラにとっての試練としての側面が強く表われている。最初にこの家が燃えやすい素材で作られていることに気づいたのが彼だったからだ。ユディシュティラは兄弟の中でも知恵に優れている。その性質を活かした話となっている。

まだ少年である兄弟たちは安らぎの場であるはずの家にいて、いつそこに火を付けられるか分からないような境遇にある。燃えやすい家はその点で彼らの「怖い家」であり、「試練の家」であったと言えるだろう。

第3章
呑みこむ家

家は、そこに住む住人と不可分の関係にある。家は住人の内面を反映しているとも言われることがある。それゆえに、家は住人と一体化することがある。この「家との一体化」というのが本章の一つのキーワードとなる。現代の文学作品には家に囚われた女の話が多く表現されている。

死の家

神話や昔話では、「家」はどのような文脈で出てくるのか。いくつか例を見てみよう。
日本神話では女神イザナミが黄泉の国の御殿に住んでいる。その詳細は不明であるが、妻を連れ戻すためにやってきたイザナキは御殿の中を見るために櫛の歯に火をともしたのだという。つまり御殿は暗闇の中にあったことになる。

北欧神話の冥界を司るのは女神のヘルだ。地獄を表わす英語のhellと語源が同じである。ヘルは冥界に屋敷を構えている。バルドルという麗しの神が死んだ時、バルドルを取り戻すためにヘルモーズという神が冥界へ行くが、その時にバルドルはヘルの屋敷の高座に腰かけていた、とされている。

ギリシアではヘシオドスの『神統記』に、冥界の支配者であるハデスとペルセポネが豪華な館に住んでいることが記されている。

とくに日本と北欧では、死の世界と死の女神と家の観念が結びついている。神話だけではなく、昔話にも死の家の話がある。本書の「はじめに」で触れたグリム童話の「トルーデおばさん」の家や、ヤマンバの家、ロシアのバーバ・ヤガーの家（序章で取り上げた）などが挙げられる。

バーバ・ヤガーの家は小屋で、主人公がそこを訪れると、彼女はペチカか長椅子か床の上に座っていて、「小屋全体を占めている」。その様子は「前の方に頭があり、部屋の片すみに片足が、反対側のすみにもう片方の足がある」と表現される。[1] さらにその鼻は天井まで届いているのだという。そうするとヤガーはまるで棺桶のような、小さな小屋に入っていることになる。

現代の作品では、貴志祐介の『黒い家』[2]がある。保険金殺人を繰り返してきたサイコパスの女の家だ。そこは蜘蛛の巣に例えられる、獲物を絡め取って喰らう家であり、臭気漂う恐ろしい家である。

映画の「呪怨」シリーズの女の幽霊（あるいは怪物）・伽椰子の家も死の家である。訪れる者をことごとく死に至らしめる。伽椰子の幽霊としての本体は二階の屋根裏部屋にいて、彼女はそこに次々と犠牲者を引きずり込む。自身の家に侵入してくる者を徹底的に呑みこんでいくのが伽椰子の呪いなのである。彼女はほとんど家と一体化している。

1 ウラジーミル・プロップ著、斎藤君子訳『魔法昔話の起源』せりか書房、一九八三年、六九頁。
2 角川書店、一九九七年。

家と一体化する

家に囚われて一体化した女の話として、栗本薫の『家』[3]を見てみよう。

結婚二五年にしてようやく念願のマイホームを手に入れた専業主婦の規子。夫と、大学生の娘、高校生の息子との四人暮らしだ。人生ではじめての「家」を持てた規子は満足していた。「自分の家、それも思った通りの、理想通りの家を築きあげ、母親の手に入れることのできなかった女性としての幸福で安定した一生を手に入れてやるのだ。」(七頁) それが規子の悲願であった。ところが家で異変が起こり始める。引っ越したその日から、影のようなものが見える。チャイムが鳴って出ても誰もいない。無言電話がかかってくる。窓の外から誰かに見られているという感覚。またある時は「顔」を見た。眠っていた自分を見下ろす、「どこかで見たことのある誰かの顔」。

そして家族が崩壊しはじめる。規子は夫の不倫を目撃する。家では奇妙な音がするなど異変が続いている。そんな時、娘の真佐美が家を出て下宿すると言い出す。言い合いが高じて、真佐美は自分が高校の時に先生に強姦されてロストバージンしたこと、弟の忍がゲ

3　角川ホラー文庫、一九九三年。

イであることを突き付ける。規子にとっては知らなかったことばかりで戸惑いを隠せない。規子は娘とも息子ともきちんと向き合おうとしていなかった。彼女の関心は「自分の美しい家」にしかなかったからだ。真佐美が規子に向かって投げつけた言葉に、規子の家への執着がよく表れている。

「アンタはいつもいつも、『美しい家』かなんかの雑誌ばっか見てさ。どこにどういううち買ってどういうインテリアにして何色のカーテンかけて何の鉢植えおいてってさ、そんなことばっかで頭いっぱいにしてて、目の前で私が何に悩んでいようと、ノブがどんな子だろうとちぃとも気にかけちゃくれなかったじゃない。」（二二六頁）

規子の家への執着や関心は、家という「入れ物」に対してであって、その構成員である家族ではなかったのだ。

規子自身も、自分の「家」への思い入れについて次のように独白している。

ついに手にいれた——夢の家を。私が永久に幸福に愛する家族と楽しく幸せに小綺麗に暮せる新しい、きれいな、前庭に刈込んだ芝生があり、大きなテレビセットがあり、対面式のキッチンカウンターとリノリウムの床、ゼラニウムとレースフラワーの鉢とパッチワークのベッドカバーをかけた寝室のあるしゃれた家。私の家。私の夢の家。もし私が家を建てたなら、小さな家を建てたでしょう――

私は誰も愛したことがなかった――（二三五～二三六頁）

規子は理想の家、入れ物としての家を細かく夢想していた。しかしそこに住む家族には無関心であり、「愛したことがなかった」と心の内で白状している。しだいに規子は正気を失っていく。そうして彼女は家とひとつになる。彼女自身が家にとりつく幽霊となって、家と一体化するのだ。規子は独白する。

これからさきはもういつも、私はこの家とともにいる。もう決してこの家からでてゆくことはない。家は目的を果たしたわ。ちゃんとこの家に住んでいる幽霊を手にいれたのだから。もう決して孤独になることはないんだわ。だってこれからは永久に私の幽霊がこの家の中をうろつきまわり、手をもみし

ぼって嘆いたり人をおびやかしたりしているんですもの。（二六四〜二六五頁）

規子はどうしても「家」がほしかった。それは彼女にとって人生の幸福の象徴であったから。しかしその執着心は常軌を逸しており、「家」という枠組みに目を曇らされた彼女には、その「家」を構成する人々を見ることができなくなっていた。形としての「家」に囚われて、彼女は「家族」を見失っていった。そしてついに自身をも見失い、最後には家そのものと一体となった。家が規子を呑みこんだのだ。家と規子、その同一性のゆえに。

規子が家と一体化したことに関して、序章でも取り上げた昔話の「鶯の浄土」あるいは「見るなの座敷」の話が読み解きの参考になるかもしれない。ある若者が娘の家に泊めてもらう。翌日娘は出かけるときに、家の中にある一二の座敷のうち一一は自由に見てもよいが、一番奥の一二番目の座敷は決して見ないようにと言う。しかし若者は見てしまう。その座敷には鶯がいて、これが娘の正体だったのだ。

家の座敷の中に、その住人の本来の姿が隠されている。見てしまったらそこから出ていかなければならない。これもまた、家と住人が一体化した例と見ることができるだろう。性別が異なるが、序章で取り上げた、ペローの童話などに出てくる「青髭」も同様に考えられるだろう。開けてはいけないと言われた小部屋の中に、青髭の殺人者としての本性が隠されていたのだ。

これらの昔話や童話と同様に、規子もまた家と同化した存在となったのだ。

家に囚われる、という点では、神津凛子の『スイート・マイホーム』[4]も同じように分析できる。本作の主人公の賢二は妻のひとみ、娘のサチと暮らしていた。そろそろマイホームを、と決心し、「まほうの家」をキャッチコピーとする、「あたたかい家」を購入した。「家じゅうどこでもあたたかい、冬でも半そで一枚で過ごせる、暖房器具のいらない家」だ。その二人目の娘ユキも生まれ幸せに暮らしていた賢二たちだが、実は賢二は不倫していた。その不倫相手に異変がおこっていて、無言電話がひっきりなしにかかってきたり、不倫のことも何者かによって広められていた上、ついには殺害された。賢二の家でも不審な出来事がおこっていた。出張から帰ると妻が「家に誰かいた」と言って怯えている。家にやって来た同僚の上林は幽霊のようなものを見たと言う。妻の友人の子リョウタが家にやって来ると、お化けがいると言う。妻はユキの瞳に人の顔のようなものが映っていたと言う。

4　講談社、二〇一九年。

真相は住宅会社の担当である本田という女性の仕業であった。そのことを知った同じ住宅会社の甘利は、本田を止めようとして殺害された。本田にとって賢二一家は「理想のうるわしい家族」なのだ。それを壊すものは排除する。

賢二が職場の慰安旅行に行ったときに事件は起きた。本田が賢二の家にいて、ユキを殺そうとしたのだ。本田の理想の家族は、夫婦に娘が一人。二人も娘はいらない、だからユキはいらない、ということなのだ。しかし賢二の兄がやってきてユキをかばって殺された。その後妻のひとみはユキを抱かなくなった。その瞳にお化けが映るから、と言う。

本田は言う。

理想の家には理想の家族が住まわねばならない。
完璧な家族。完璧な家。
必要ならば、私自身が「家」になればいい。そこに理想の家族を住まわすのだ。麗しい人々を。ずっと。ずっと一緒に。(三二二頁)

本田は、賢二の家に「住んでいた」のだ。ずっと。天井裏に。

これもやはり、家と一体化して狂った女の話だ。『家』の規子と同質的である。同時に、家そのものと一体化したロシアの鬼婆バーバ・ヤガーを想起させる。

この話の興味深いところは、本田という女の心の中における「家と家庭」の神聖化である。しかも本田自身の家でも家庭でもない。赤の他人のものだ。しかし本田は自身が「家」となることで、つまり賢二の家に密かに住みつくことで、あたかも序章で取り上げた家に棲みつく怪異のようになり、災厄を引き起こした。

ここに、「聖なる家」のモチーフが表われていることに注目しておこう。本田にとって家と家庭は神聖なものであった。彼女が一体化した家は彼女の心の中では聖なるものであったのだ。

恩田陸は、『私の家では何も起こらない』[5]で家と住人の一体化をさらに極限まで進める。本作品の舞台は丘の上の古い洋館だ。この洋館では様々な凄惨な事件が起こった。キッチンで殺しあった姉妹。子供を攫っては主人に食べさせた女。自殺した殺人鬼の美少年。その洋館に住むのは作家の女性で、彼女の元には「本物の幽霊屋敷」を探す男が訪ねる。それぞれの話が絶妙に交差しながら物語は進み、最後に女はこう独白する。

5　角川文庫、二〇一六年。初出二〇一〇年。

ようこそ、私の家へ。

たくさんの記憶が積み重ねられた、**あたしたち**の家へ。（一八六頁）

つまり女は、過去の洋館の住人たちと「同化」したのだ。その結果、一人称が「私」から「あたしたち」と、複数形に変わった。彼女が言うに、幽霊とは「記憶」なのだ。そしてそれは地球の歴史と同じくらい、延々と積み重ねられる。

本書はこれで終わらない。「附記」とする章の中で、次のような文が出てくる。


なぜ怪異は、世界で最も安全な場所のはずの「家」で起きるのだろうか。最もプライベートな、居心地のよいはずの場所。ヒロインたちは、「ここは私の家だ」と踏ん張り、居場所を確保しようとするが、やがては敗北し、家を追い出される。

これは何かに似てはいないだろうか。居心地よく過ごし、何不自由ない生活を送っていたのに、ある日突然、半ば暴力的に追い出され、出たくないと苦痛に泣きわめきながらも、ついには厳しい荒野へと出ていかざるをえない、あの胎内に。（一九四〜

一九五頁）

こうして、「家」と「胎内」とがつながる。生命を内包し、外界へと追い出し、そして最後にはその生命を呑みこむ、「胎内」と。

ここまでで、家に関するキーワードとして、「呑みこむ恐ろしいもの」「女と一体化するもの」「聖なるもの」そして「胎内」が出てきた。これらはすべて結びついている。「女の胎内である聖なる家」として。

家が呼ぶ

家に呑みこまれる、という話ではあるが、特に家自体があたかも意志を持つかのように人を呼び、その人生を、あるいは命を、呑みこんでいく、という話が、特にホラー・ミステリー作家の三津田信三の作品に目立って見られる。

まず取り上げたいのが「ドールハウスの怪」[6]だ。

6 『誰かの家』所収、講談社文庫、二〇一八年、初出二〇一五年、講談社ノベルズ。

子供時代の友人だったTと鴻本。鴻本の家は金持ちで、Tはよく彼の家に遊びに行っていた。鴻本の家には父が集めたさまざまな「お宝」があるが、その中で二人はドールハウスで遊ぶのを楽しんでいた。ドールハウスの中には人形がいて、それらの人形はどうやら勝手に移動するようだった。二人がよく遊んだのは「殺人ごっこ」だった。しかしそのうちTは鴻本の家から遠ざかっていった。ドールハウスに何か厭な感じを抱いたのだ。

鴻本は引っ越しをしたが、その移り先の家が、あのドールハウスとそっくりであった。その家で彼の祖父、祖母、母、姉、父が相次いで死んだ。時が経ち、鴻本が三十代半ばになったある時、「招待状」が届く。行ってみるとそこにはあのドールハウスそっくりの家がある。その家の中には彼と瓜二つの人形があり、それを取りに行き……。

鴻本は、ドールハウスとそっくりの家に引っ越してから、床下から現れる「黒い影」を夢で見ていた。その影が家族の近くに行くと、しばらくして家族が死ぬ。そして彼自身の番が来た時、やはり彼はその影を見て、結末ははっきりと述べられていないものの、影の支配する、ドールハウスとそっくりな家の中に、呑みこまれていったのだ。

ドールハウスとは、ドールズハウスともいい、ようするにミニチュアの家である。十六世紀のドイツで最初に作られ、オランダ、イギリスでも作られるようになった。少女の家庭教育のために作られたとされている。少女のあこがれとしての「家」だ。しかしその中には人形たちが配置され収められている。どこか「怖さ」を感じる。それはおそらく、家が人を呑みこんでいるさまを、まざまざと見せつけられているからではないか。

三津田は『そこに無い家に呼ばれる』[7]においても、呑みこむ家を表現している。その中の「あの家に呼ばれる　新社会人の報告」を見てみよう。

語り手のJが引っ越して新興住宅地の新築の家で一人暮らしを始める。その隣の家が空き地になっている。ある深夜に酔って帰ると、空き地のはずの隣に家が建っている。翌朝には消えている。その後、またしても深夜、そこに家がある。門と玄関の戸が開いている。入ったものの恐ろしくなってすぐに出ていった。

三度目、またしても家が出た。「家の幽霊」だ。門と玄関の扉が開いていて、明かりがついている。誘われている、と感じる。再び入りかけるが、逃げてくる。

四度目、温かい光に導かれてその家の中に入った。居間にソファとテーブルがあり、湯気の立つコーヒーとショートケーキが置かれている。食べてはいけない、と思い、なんと

7　中央公論新社、二〇二〇年

か家から脱出した。

コーヒーとショートケーキの描写は意味深である。つまりこれは「ヨモツヘグヒ・モチーフ」だ。ヨモツヘグヒとは、イザナミが黄泉の国で食べ物を食べたから地上に戻れなくなったことを指す。「黄泉の国の食べ物を食べてしまった」という意味だ。空き地に時折姿を現す家は、異界のもの、あるいは黄泉の国のものなのだろう。その中でコーヒーやショートケーキを食べてしまえば、ヨモツヘグヒになる。だから、どんなに食べたいと思っても、絶対に食べてはならないのだ。食べれば、もうそこから出られなくなる。家に、呑みこまれてしまうのだ。そのタイトルの示すように、この家こそ死の家、死へといざなう「呼ぶ家」なのだ。

巣づくりに呑まれる女たち

家が「呑みこむ」ものであるとするならば、女性は家と同質性を持つがゆえに、そこにとらわれやすい。それは現代日本の女性が抱える問題にも通じるところがある。すなわち「ていねいな暮らし」という呪縛である。

それに関して、私は三年ほど前にツイッターでこんな発言をしたことがある。

何人かの方には不評でしょうが、わたしの嫌いな言葉「ていねいな暮らし」。毎日ごはん作って、庭にハーブなんかを栽培して、ダンナや子供には見た目も栄養も抜群の弁当を作って……そんなことをしていたら、働く女性は壊れてしまう。「いい加減な暮らし」を提唱したいです。（二〇一九年七月二四日）

このツイートは炎上した。思いもよらず広範囲に拡散され、約二・二万の「いいね」、約八千のリツイート、約三百の引用リツイートがついた。賛否両論飛び交い、ていねいな暮らしの呪縛から解き放たれた気持ちです、という好意的な反応もあれば、雑な生き方をしたいならそうすれば、というような否定的な意見もあった。「働く女性」だけの問題ではない、という叱責、「女性」だけの問題ではなく「男性」の問題でもある、という批判もあり、事態はしばらく混沌としていた。

多くの男女が「ていねいに生きたい」とは思っている。そうできればそれに越したことはない。しかし、実際はそうもいかない。家にいても、外に出ても、現代人は多忙なのだ。

この「ていねいな暮らし」について、たとえば松浦弥太郎の『今日もていねいに。』[8]という本がある。著者は『暮しの手帖』の編集長である。内容について一つ紹介しよう。「心のこもった食事」という項について、このようにまとめられている。

◎いつでも、料理した人の顔が見えた、心のこもったものを食べましょう。
◎誰かのために、そして、自分のためにも、まずは簡単な朝ごはんをつくってみましょう。（四九頁）

そう、悪い提案ではない。しかし、なにか私は引っ掛かりを覚える。もう少し題材を増やして考えたい。次に見たいのは佐光紀子『「家事のしすぎ」が日本を滅ぼす』[9]だ。本書では日本女性の家事を海外におけるそれと比較して、最終的に「居心地のよい家」とは何か、答えを模索する。特に女性の「専業主婦願望」について問題提起がなされる。そのことについて論じるため著者は「発言小町」（読売新聞が運営する女性向けネット掲示板）

8　PHP文庫、二〇一二年。
9　光文社新書、二〇一七年。

への投稿を引用しているが、それをここでも取り上げたい。

専業主婦になって／丁寧な暮らしをすることに憧れています。／例えば／毎朝、雑巾で隅々まで床を拭くこと／ベランダで栽培したプチトマトを朝食のテーブルに出すこと／こだわった食材を選び、食事を作ること／靴箱の中の靴をじっくりと磨き上げること／押し入れなど収納術を駆使して、部屋の中には無駄なものがない。／子供が帰ってきたらホットケーキを焼いて一緒にティータイム。／いま思いつくままに書いてみました。／どれも憧れます。（二四頁〜二五頁）

この記事には実際に二〇八件の書き込みがあり、賛否両論を巻き起こしたようだ。

著者によれば、「ていねいな暮らし」のリーダーたちのキーワードは、「季節感」、そして「手作り」であるという。

夏にはお手製のレモンバーム入り梅酒を楽しみ、クリスマスには定番のジンジャーブレッドを焼き、お手製のオーナメントを飾り。（二五頁）

著者は続ける。このような手作り生活には、時間的な余裕を要する。長い通勤時間に八時間労働をしていたのでは、そんな余裕はない。専業主婦というステータスを得てはじめて実現できるライフスタイルであることは明らかである、と。また、日本における専業主婦志向の底流には、家事に手間暇をかけ、丁寧さを重視することを重んじる特有の文化がある、とも述べている。

日本の女性には「母」としても完璧であることが求められる。その完璧さを求めるのは「学校」と「先生」であるという。いくつか引用してみよう。

子どもたちの様子を見ながら先生はお弁当を確認する。子どもが食べるのに時間がかかったり、残したりすると、「量が多いのではないか」「もう少し食べやすいものを」「彩も大切に」など、先生が母親にアドバイスをする。（八一～八二頁）

もう一つは、子どもがお弁当を完食できるかどうかは、母親の責任だと考えられているという現実だ。子どもに食欲があるかどうか、体調はどうか、もともと小食なのではないか、といったことを飛び越えて、まずは、そもそも完食できるお弁当を作るのは母親の責任だ、というところから話が始まることに、（日本で子育てを経験した社会学者の）アリソンは驚きを隠さない。

そしてまた、お弁当の完成度は、母親としてどれほど子どもに手をかけているかの象徴としてとらえられている、とも指摘している。そうやって、家庭から陰に日向に子どもを支えることが、父親が不在がちの家庭にあって子どもを成功に導くことにつながると考えられている、と。（八二頁、括弧内筆者）

こうしたお弁当文化は、価値観と性差別的な意味合いの中に巧妙に埋め込まれ、国はそれを間接的に操っている。（八三頁）

こうして日本女性は「母」として完璧なお弁当作りを担う。つまり、キッチンという「家」の一部に押し込められることになるわけだ。

佐光はこのように主に日本の主婦が抱える問題点を、海外の事例とも比較しつつ明確にしていくのであるが、彼女がたどりついた「理想の家」とは、埼玉の有機農家に嫁いだアメリカ人女性、ナンシー・八須の家である。アメリカの機能性を日本の家に収めたような家であるという。

その細かい描写は省略するが、佐光がナンシーの家に見た理想とは、次のようなものである。

自然体のナンシーが実践しているように、大切なのは古い価値観に振り回されず、自分の生活に自信を持って暮らすことではないだろうか。言い換えれば、家族や周りの人と食べること、しゃべること、笑うこと、休むこと、そしてその準備という家事を含めた日々の暮らしを自分らしく楽しむことなのだ。そういう人が住む家は、物が多くても少なくても、居心地がいいに違いない。（二二九〜二三〇頁）

女は家にいて、ていねいな暮らしをして、子供には完璧なお弁当を手作りする。この古い価値観を脱ぎ捨てようではないか、という提案で本書は締めくくられる。

現代日本社会における専業主婦問題は、実は、日本女性と「家」とのあり方の問題にも関連するように思われる。家は、女の「巣」であるのだ。それは女性にとっての心地よい

「居場所」という意味でもあるが、同時に女性が「そこに縛られる場所」でもあるという、両義性を持つ。その両義性の片方の端をたどると、神話や昔話の「怖い家」、すなわちイザナミの黄泉の御殿や、山姥の家、グリム童話の魔女の家など、「女の呑みこむ怖い家」にたどりつく。

有機的な家

ここで、「ていねいな暮らし」との比較として、「片づけ」という行為にまつわるイメージについて考えてみたい。片づけに関して有名な「こんまり」こと近藤麻理恵の著書を見てみよう。

「片付けコンサルタント」を名乗る近藤は、その独自の片づけ法によって日本でも世界でも知られるようになった。二〇一五年にアメリカの『TIME』誌の「世界で最も影響力のある100人」に選出もされており、計り知れない影響力を持つ「片づけのプロ」だ。その近藤のデビュー作が『人生がときめく片づけの魔法』[10]であるが、本書では具体的な片づ

10　サンマーク出版、二〇一一年。

け法の他に、著者に特有の片づけの精神のようなものが説かれている。それが最もよく表われている箇所を引用しよう。

私がお客様のお宅にうかがって一番はじめにするのは、「おうちにごあいさつをすること」です。家の中心あたりの床に正座して、心の中でおうちにそっと話しかけます。名前・住所・職業などの簡単な自己紹介の後、たとえば「佐藤さんとご家族がもっともっと幸せに過ごせる空間がつくれますように」といって、一礼。この二分間の沈黙の儀式を、お客様は不思議そうに見つめています。

このあいさつの習慣は、神社に参拝するときの作法をもとに自然と始めるようになったものです。いつ頃からそうするようになったのか、自分でも定かではないのですが、お客様のおうちのドアを開けるときの緊張感が、神社の鳥居をくぐるときの神聖さに似ていることに気づいたのがきっかけになっていると思います。あいさつなんて気休めだよ、と思われるかもしれませんが、これをやるのとやらないのとでは、片づけの進むスピードが本当に違うのです。[11]

11　近藤、前掲書、二四六～二四七頁。

このように、近藤自身の言葉で、「おうち」すなわち「家」とは無機質なものではなくそれ自体意思を持つ有機体であり、かつ神聖なものであることが、「神社」を引き合いに出しながら述べられている。またこれに続く文の中で、「片づけは、家を出ていくモノたちの門出を祝うお祭りだと思っているので、ついついきちんとした格好をしたくなるのです」と言って、彼女が片づけの仕事の際にワンピースにジャケットという正装をしていることの意味を説明している。

近藤にならって家は意思をもつ有機体のようなものである、とするならば、それは両義的な意味を持つ。近藤はその片方の端を見ている。つまり家の「優しく温かく包み込む」側面だ。たとえば、彼女は著書で次のように述べている。

私がおうちに対して何か大きな存在を感じるのは、お客様のところにうかがうたびに、それぞれのおうちがどれだけ住む人のことを大切に思っているかが伝わってくるからです。いつでも同じ場所で待っていてくれて、守ってくれる。どんなに働いてくたくたになった状態の自分も癒してくれる。逆に「今日は働きたくない！」と素っ裸で転がっていても、「いいよ」と受け入れてくれる。ここまで懐の深い、あたたかくて大きな存在はそうそうほかにいません。片づけとは、いつも自分を支えてくれるおうちへの恩返しであるべきだと思うのです。[12]

しかし家は温かく包みこむだけではない。その負の側面——恐ろしい側面も見なければならない。

家に吸い取られる

有機体としての家の負の側面、ということで、日影丈吉の「ひこばえ」という作品を取り上げよう。[13]

語り手は、東京・目黒にある家になぜかひっかかるものを感じ、知り合いの探偵・荒木に調査を頼む。家の住人は主人と妻と息子であるが、まずは妻、次に息子、最後には主人までも、家の中で息を引き取った。不思議にも一家はみな、「半分ほど」に身体が細くなっ

12 近藤、前掲書、二四九～二五〇頁。
13 朝宮運河編『家が呼ぶ』ちくま文庫、二〇二〇年所収。初出一九八三年。

て死んでいた。

誰もいなくなった家を、語り手が訪れ、こう独白する。


家はいま邪魔者がまったくなく、自分一人でゆっくり息をしていた。この家は自存の意思のために、人が住んだり何かに使うには、まるで向かない感じだった。だまってこのままにしておいてやれば、このまま、未完成ですこし毀れたまま、永遠に存在するだろうと思えた。

（中略）

家はまったく解放され、人間とは交渉がなくなって、いきいきとしていた。気持ちがわかるくらい、のびのびして、狂暴だが無邪気な生きもののようだった。そして、いまは昼寝でもしているように静かだった。（後略）（二三二頁）

この家は、一家三人の血肉を吸い上げて、彼らの死体を半分に縮めるくらいにその生命を自らの内に呑みこみ、そして生き生きと、呼吸をしているのだ。その証拠に、最後の一文にこう記されている。

梅からひこばえが芽ぶいていたのである。

人の命を吸い上げる、それ自体生きた有機体であるこの家は、住む人の命を奪い、その人の命を糧にして、ひこばえを芽生えさせて成長しながら、静かにゆったりとそこにあり続けるのだろう。家は生きているのだ、意思を持って、呑みこむものとして。

こんまりにとっての家が温かく包み込み、そこから家人を送り出し、また帰ってこさせる優しいものであったとしたら、「ひこばえ」においては、同じ有機体としての家が別方向のはたらきをして、そこに住むものの精気を吸い取って、家人ではなく家自らが成長していくのである。

第4章
閉じこめられる——閉鎖空間としての家

家はその内に何かを「閉じこめる」働きをすることがある。序章ではギリシアの神話で怪物のミノタウロスが迷宮に囚われている例を挙げた。他方で、「閉じこめられる」話もある。監禁の問題がそこから出てくる。閉鎖された空間が、異様な力を発動させるようだ。ここではそのような閉鎖空間としての家の意味を多角的に考えていきたい。

怪物を閉じこめておく

小野不由美のシリーズ小説に「ゴーストハント」がある。心霊現象を調査する「渋谷サイキックリサーチ」にアルバイトとして勤務する高校生の谷山麻衣と、所長の渋谷一也、およびその協力者である霊能者たちが中心となって活躍するシリーズである。ここではその第5巻『鮮血の迷宮』[1]を題材として見ていきたい。まずはあらすじを紹介しよう。主人公らの一行は一軒の古い洋館に調査に行く。その建物は幽霊屋敷として名高く、肝試しに使われたりもしていた。ところがその肝試しに入った若者が一人、屋敷の中で行方不明になった。それを探して屋敷を調査した消防団員の青年も姿を消した。それ以前に、屋敷を増改築した時にも作業員が姿を消すことがあった。

この屋敷は、先代の持ち主によって毎年のように増改築が繰り返されていた。調査するためまず図面を作ろうとして測量すると、屋敷はきわめておかしな作りになっていることがわかる。窓を開けると隣の部屋に開いている。広いいびつな部屋の中に床の高さが違う三畳くらいの小さな部屋がある。

決定的な事件が起こったのは調査がしばらく進んでからだった。麻衣の一行の他にも霊能者を自称するグループが屋敷の調査に集まっていたのであるが、その中のひとりが姿を消した。さらに、もう一人、姿を消す。

そんな中、霊能者でもある麻衣が夢を見た。男たちに捕まえられて風呂のような場所に連れて行かれて、服を脱がされる。するといつの間にか着物を着ている。奥の部屋は白い

1　メディアファクトリー、二〇一一年、初出一九九一年に大幅加筆。

タイル張りで、中央に白いバスタブがある。床の上には赤いものが流れている。さらに奥にはタイル張りのベッド、その真下には大きな盥、足元には深いバケツ。麻衣はベッドに括り付けられた。男たちが一度離れて戻ってくると、手には包丁。麻衣は喉を裂かれ……。というところで目が覚めた。

これは実は昔その屋敷で実際に起こっていたことであった。屋敷の中心部には、病弱であったかつての屋敷の主が閉じこめられている。彼は若い人間の生き血を浴びることで、寿命を延ばそうとした。彼の息子が屋敷の増改築を繰り返して、「化け物」と化した父を屋敷内に閉じ込めた。その男が、まだ屋敷にいるのだ。閉じ込められながらも悪霊となって獲物を探し捕らえ、犠牲にし続けながら。

結局、この悪霊は家に入ってきた若い者を犠牲にするが、家の外には出ていくことができない。家に閉じこめられているのだ。したがって一行は、この屋敷を朽ちるに任せるか、あるいはまるごと焼き払う提案をして、事件を解決に導いた。

この不可解な構造をした屋敷は、ミノタウロスを閉じこめた迷宮とほぼ同義だ。あるいは、それを意識して『鮮血の迷宮』というタイトルがつけられたのかもしれない。どちらも、迷宮や屋敷の奥深くに怪物が閉じこめられている。ミノタウロスの場合は毎年一四名の若者がアテネから送られてきて、犠牲とされていた。『鮮血の迷宮』の悪霊の場合は、その屋敷の女中や、その主人が管理する施設の住人が犠牲とされていた。いずれにせよ密閉された空間に怪物や悪霊が閉じこめられていて、犠牲の血肉を喰らっている。そしてそれらはその場所から自らの力で出ることはできない。

序章で、家は一種の結界のようになっていて、幽霊は家人の許可を得ねば中に入ることができないとされることが多い、と述べたが、それとは逆に、閉じこめられた悪霊は、その家から抜け出ることはできないのだ。家は内部に向けても外部に向けても、結界となっている。閉鎖空間を形作っているのだ。

女性が閉じこめられる

家に閉じこめられるのは怪物だけではない。神話や昔話では、女性が閉じこめられる話が見られる。たとえばギリシアのダナエだ。

アクリシオスという王がいて、一人娘ダナエをもうけたが、この娘の産む息子が将来祖

『ダナエ』、ティツィアーノ、1545年、カポディモンテ美術館所蔵。

父である彼自身を殺すであろうという神託が降りた。王は驚き恐れ、青銅の地下の密室、あるいは高い塔の中に厳重に戸締りをした部屋をつくり、そこにダナエを住まわせた。ところがある時ゼウス大神がダナエを見て恋に落ち、黄金の雨となってダナエに降り注ぎ、子を授けた。これがペルセウスであり、のちにメドゥサを退治することになる英雄である。王はダナエと男児を木の箱に封じ込めて海へと投げ捨てたが、親切な男に拾われ大事に養育された。

ダナエは密室に入れられ、そこで懐妊し子を産み、そこから出されると再び密閉された箱に入れられ海に流される。二度にわたって「密閉空間」に閉じこめられている。密閉された箱は暗く狭い子宮を暗示する。これらはダナエのイニシエーションを表わしていると見ることができるだろう。少女から女性への通過儀礼を経ているのだ。

神話では「箱船漂流型説話」といって、英雄や始祖などが生まれてすぐに箱などに入れられて水界に流されるという話が各地に見られる。たとえばアッカドの王となるサルゴンは、生まれてすぐに籠に入れられて川に流されたが、女神イシュタルの寵愛を受け、王国を支配した。羊水を想起させる水界という場所で、生命の試練を経ているのである。ダナエと、その子ペルセウスについても同様に考えることができるだろう。

塔の中に閉じこめられた少女といえば、ラプンツェルが挙げられる。

魔女に育てられたラプンツェルは、十二歳の時に塔の中に閉じこめられた。森の中にある塔には、はしごも出入り口もなく、てっぺんに小さな窓が一つだけある。魔女が塔に入る時には、ラプンツェルの黄金の長い髪を窓の鉤に巻き付けさせて、それを伝って登ってくるのだった。

ある時、王子が塔の近くにやって来ると、ラプンツェルが塔の上から美しい声で歌を歌っているのが聞こえた。それからというもの、王子は毎日のように森へ出かけて歌を聴くようになった。ある時、歌を聴きながら木の後ろに立っていると、魔女がやって来てラプンツェルに呼びかけ、髪の毛を下げさせて塔に登っていくのを見た。そこで王子は日が暮れるのを待ち、同じようにして塔の上に登った。

ラプンツェルははじめびっくり仰天したが、王子の告白を聞き、結婚の約束をした。王子は毎日暗くなるとラプンツェルのもとに通うようになった。ところがやがてこれが魔女の知るところとなり、ラプンツェルは髪を切られて荒れ野に放り出され、王子は塔から落ちて棘で両目をつぶされてしまった。

それから数年が経ち、ラプンツェルが自分の産んだ男と女の双子とともに森をさまよっているところに王子が近づいていった。ラプンツェルがそれと気づいて王子のえりくびにかじりついて涙を流すと、その涙のしずくが王子の両目に滴り、王子は目が見えるようになった。二人はその後永く、宮殿でしあわせに暮らした。[2]

ラプンツェルが塔に閉じこめられるのは、ダナエと同じ意味があり、少女の通過儀礼の意味を持つ。第2章で見たように、少女に通過儀礼を課すのは恐ろしい魔女や鬼であることが多い。この例もそれに相当するだろう。

閉じこめるのが魔女であるのは、通過儀礼そのものが「怖い」ものであることと関連しているかもしれない。少女にとっての通過儀礼とは、女性になること、すなわちまずは初潮を迎え、そのあと破瓜を迎えることだ。流血をともなう初潮や破瓜は、女性にとっては恐ろしいことである。

2 金田鬼一訳『完訳 グリム童話集』1、岩波文庫、一九七九年、一三二～一四〇頁を参照した。

シーターの監禁

閉じこめられた女性の神話としておそらく最も名高いのは、インドの二大叙事詩の一つ『ラーマーヤナ』に語られるシーター姫の監禁であろう。次にこの話を見ていこう。二世紀頃に成立した『ラーマーヤナ』は、伝説上の聖仙ヴァールミーキを作者としている。その内容は以下のようなものである。

コーサラ国のダシャラタ王はアシュヴァメーダという馬を用いた祭式を行い、三人の妃との間に四人の子をもうけた。カウサリヤー妃はラーマを、スミトラー妃はラクシュマナとシャトルグナを、カイケーイー妃はバラタを産んだ。いずれの子もヴィシュヌ神の神徳を授かっていたが、特にラーマは魔王ラーヴァナを退治するために最高神であるヴィシュヌが化身したものであった。

成長するとラーマは強弓を引いてジャナカ王の王女シーターを妻に得た。シーターはヴィシュヌ神の妃であるラクシュミーが、大地から赤子の姿で生まれた化身であった。

やがてラーマの王位継承者への即位が決まったが、召使いに唆されたカイケーイー妃の計略により、ラーマは森に追放され、カイケーイー妃の息子バラタが王位継承者となった。シーターとラクシュマナはラーマに従って森へ行った。バラタは兄の履物を玉座に安置して、兄の帰国を待ちながら政務に勤しんだ。

森でシーターはラーマへの復讐心をつのらせた魔王ラーヴァナに攫われた。これがラーマとラクシュマナの苦悩の旅のはじまりとなった。ラーマらは猿王スグリーヴァとその大臣ハヌマーンの助力でシーターを発見し、羅刹軍と戦いシーターを取り戻す。ラーマはシーターの貞操を疑い遠ざけるが、火神アグニが彼女の身の潔白を証明した。

長い統治が続いたが、民衆からシーターの貞操を疑う声が上がったため、ラーマは妊娠しているシーターをヴァールミーキ仙のもとに連れていく。そこで彼女は二人の息子クシャとラヴァを産んだ。

シーターはラーマへの忠誠を誓って大地に消えた。ラーマは嘆き悲しんだが、その後も長く国を統治した。

この話の中で、シーターを誘拐してきたラーヴァナは、シーターを連れて自らの豪華な宮殿を案内し、自分と結婚して女王となるよう懇願する。シーターが拒絶すると、彼女を

ラーヴァナに攫われるシーター。ラージャー・ラヴィ・ヴァルマー画。
ラーヴァナはシーターを助けにきた鷲のジャターユを殺害している。

アショーカ樹の森に幽閉し、羅刹女たちに監視させた。ヴァールミーキが描く幽閉されたシーターの様子は、悲劇の女主人公そのものである。たとえばこのように描写されている。

輪縄に縛られた雌鹿のようにおどおどして、ジャナカ王の娘、ミティラー城主の王女シーターは大きな憂愁に悩まされて、おとなしい彼女に安らかな日はなかった。醜悪な眼の羅刹女たちにひどく威嚇されて、シーターに安らぎはなかった。そして、悲嘆と恐怖にさいなまれて、愛する夫ラーマや夫の弟ラクシュマナを思い出しながら、死んだようになっていた。[3]

監禁されたシーターは「死んだようになっていた」のだという。これは本章のダナエやラプンツェル、そして第2章で考察した昔話の少女たちのイニシエーションに通じるものがある。密室などに閉じ込められることが子宮への回帰すなわち「死」を表わし、またそこから出てくることで再生を果たすのだ。

シーターの監禁は、ある部分では、自ら岩屋に籠った日本神話のアマテラスとも比較で

3　中村了昭訳『新訳　ラーマーヤナ』第三巻、平凡社東洋文庫、二〇一二年、二二九頁。

きるかもしれない。アマテラスは弟であるスサノヲのいたずらに我慢できなくなり、岩屋の中に閉じこもってしまった。アマテラスは太陽神であるので、隠れてしまったことで天上界も地上も暗闇に覆われた。困った神々は祭りを行ってアマテラスを外に引き出すことに成功した。

これはアマテラスが子宮を象徴する岩屋に入って一旦死に、そこから出てくることでより尊い女神へと成長して再生した神話として解釈できる。シーターもまた、監禁され、その後夫に貞節を証明するための火の試練を経て、より尊い女神的な存在として、再生したのだ。

シーターの場合は森に監禁されたのであって家ではないが、それでも成立年代の古さ、その物語の影響力の強さを考えると、『ラーマーヤナ』は「監禁される女主人公」の物語の祖型のひとつであるといえるだろう。

閉鎖空間によって加速する悪意・狂気

家は閉鎖された空間だ。そこに「悪意」が忍び寄るとどのようなことになるのか。題材として、宇佐美まことの『虹色の童話』[4]をみていこう。

民生委員の高須賀知加子は、「レインボーハイツ」という名の古びた三階建ての賃貸マンションを担当している。そこに住む人々の様々な人間模様が描かれる。取り上げられる5家族は、いずれも内部にいびつなものを抱えている。その住人らが、次々と殺人事件を起こす。

三原真弓は暴力を振るう夫を包丁で深く突き刺して殺害した。

岡田苑子は小料理屋で夫に頭を壁に打ち据えられて殺された。

楠田貴子は娘と姑を毒入りの菓子で殺害した。

河野昌代は部屋に招いたフリーライターの男を鋏で惨殺した。

民生委員であり、中立的な傍観者であったはずの高須賀知加子は、良心の人のように見えて、夫を間接的に殺害した過去を持つ。また姑の介護をしながら静かに彼女を虐待している。彼女自身の息子は、敷地内の蔵に閉じこもったきり出てこない。知加子もまた、家庭に鬱屈を抱えた者たちの仲間だったのだ。

さらに、「レインボーハイツ」で起こった事件の背景にいたのが、五歳の子供である瑠

4　角川文庫、二〇一七年、初出二〇〇八年。

衣だった。実は知加子は瑠衣に『グリム童話　初版』を読み聞かせしていた。初版のグリム童話は残酷さや性的表現のために子供に読み聞かせるのに向いていない。さらに知加子は――ほとんど悪意で――それぞれの話の結末を、残酷に終わらせていた。

最後の場面で、知加子は家にやって来た瑠衣に再びグリム童話を読み聞かせしていた。「子供たちが肉屋ごっこをした話」では、肉屋ごっこの遊びで豚の役をした男の子が本当に喉を裂かれて殺されてしまうが、知加子はこの話をそのまま瑠衣に読み聞かせた。この話は、三原真弓の事件に似ていた。どちらも刃物で喉を裂かれて死んでいた。

次に読み聞かせたのは「かえるの王様」だった。童話では、お姫様が彼女と同衾したがる蛙を壁にたたきつけると、蛙が立派な王子になってお姫様と結ばれた、という終わり方をする。しかし知加子はその最後の部分をあえて話さず、たたきつけられて死んで終わりにした。この話は、岡田苑子が殺された事件とそっくりだった。

次は「白雪姫」だった。童話では毒リンゴで殺された白雪姫は、王子様がやって来て棺が動かされた時に、喉から毒リンゴが出てきて生き返り、王子様と結ばれた。しかし知加子は、毒リンゴを食べた白雪姫はどうしても生き返らなかったことにした。これは楠田貴子の事件に似ていた。

「ラプンツェル」の話では、王子は塔から落とされて目を棘で刺されて荒野をさまよい、ラプンツェルは双子の子を抱えながらさまよっているところを王子と再会し、ラプンツェルの涙で王子の目が回復して結ばれる、という終わり方になっている。それを知加子は、王子は塔から落ちて目を棘にさされて死に、ラプンツェルは一生荒野をさまようことにした。これは、河野昌代がライターの男の両目をつぶして殺したこととそっくりだった。

そして最後は「赤ずきん」である。赤ずきんが狼に食われて、猟師が狼の腹を裂いて赤ずきんを助ける話だ。そう思っていると、狼が家の中に横たわる姑を襲って喰らいつく音がした。知加子が望んだとおりのことだった。そして狼は知加子に近づいてくる。彼女が、自分も早く死にたい、と思ったからだ。

一連の凄惨な殺人事件は、マンションの各戸という閉鎖空間の中で培養された家庭問題を最初にはらんでいた。しかしそれぞれの事件を引き起こしたのは、知加子と瑠衣という二つの悪意だ。二人の落とした一滴の悪によって、どうにかバランスを保ってきた家族は、最も残酷な形で崩れ去った。閉鎖空間に滴った毒は、負の感情を増幅させ、きわめて効果的に家庭を崩壊させる。

失われていく自立心

監禁や幽閉状態は、人の心に闇を作り、次第に抵抗力を削いでいく。そのことを語る作品として、阿部公房『砂の女』[5]をみていこう。

時は昭和三〇年の八月、男（仁木順平）はハンミョウという昆虫の新種を探すため、休暇を利用して海岸の砂地にやって来た。その村の老人にすすめられて村の民家に宿泊することになったが、案内された家には寡婦が一人で住んでいた。村は常に砂に脅かされていた。村の家々はすべて砂丘の穴の底にあり、縄梯子を下ろして地上と行き来するようになっていた。男が女の家に泊まった翌日、縄梯子が外されている。男は閉じこめられたのであった。仕方なく男は女とともに砂掻きの仕事をしつつ、食料や水、わずかばかりの嗜好品を村からの配給にたよる生活を始めた。

しかし男はあきらめたわけではなかった。入念に準備をして、ある日ようやく穴から出ることに成功した。しかし村を抜けようとしていたはずが、砂地に埋もれて死にかけていたところを村人に救出され、再び女のいる家に吊り降ろされた。

5　新潮文庫、一九八一年。

男は女と性的関係を持つようになっていた。次第にあきらめが彼の心を占めるようになっていた。

時が経ち、女が妊娠した。ところが子宮外妊娠であったため、病院に行く必要があった。家に縄梯子がかけられ、女が連れて行かれる。その後、縄梯子はそのままに放置されていた。男はそれを眺め、途中まで登ってみたりもしたが、結局はもとの場所に戻った。自分が使った溜水装置について村人に話したいことがあったのだ。逃げるのはその翌日でもよい、と。作品は次のように締めくくられる。


べつに、あわてて逃げだしたりする必要はないのだ。いま、彼の手のなかの往復切符には、行先も、戻る場所も、本人の自由に書きこめる余白になって空いている。それに、考えてみれば、彼の心は、溜水装置のことを誰かに話したいという欲望で、はちきれそうになっていた。話すとなれば、ここの部落のもの以上の聞き手は、まずありえまい。今日でなければ、たぶん明日、男は誰かに打ち明けてしまっていることだろう。

逃げるてだては、またその翌日にでも考えればいいことである。（二六六頁）

男は砂に脅かされる穴の底の家という劣悪な環境に置かれた。最初の頃はなんとしても逃げようとしていた。しかしそれも失敗し、次第に抵抗する意思をなくしていく。生活になじんだ頃に縄梯子が放置されているのを見つけても、もう帰ろうとする気力は残っていなかった。男は外の社会では行方不明のまま七年経って死んだとされ、物語は終わる。結局男は、自由を手にしたのだと思っていても、真実は隷属状態に適応してしまっていた。それに気づくこともできなくなっていたのだ。

この「気づくことのない隷属状態」の話が、意外なところであるが、ライトノベルの分野にも認められる。月城うさぎの『竜王の恋』[6]を取り上げよう。

少女セレスティーンはある日目覚めると竜王の城にいた。クルゼという村から連れ去られていたのだ。セレスティーンは竜王ガルシアの「番《つがい》」であった。番とは、雄の竜の運命の半身であり、雄竜は番としか結婚することはないとされる。セレスティーンは、城から自力で抜け出す道を探しつつ、夜は竜王と寝台を共にする生活を始めることになった。やがて、セレスティーンが記憶を取り戻し、クルゼの村で何が起こったのかを思い出した。

6　ソーニャ文庫、二〇一八年。

捨て子だったユアンという弟が、実はイルキシア王家の一員で、かつてクルゼの人々はそこから逃げてきた。そのユアンが村を滅ぼしたのだった。火の海となった村に一人残されたセレスティーンを竜王が助けたのだ。ガルシアはセレスティーンのためにイルキシア王家に復讐し、ユアンの命を奪った。

こうして竜王と番はその城で仲睦まじく暮らし、息子ももうけた。幸せであるように思われた。最後は、このように締めくくられる。

　とはいえ、まっとうな人として育ったセレスティーンが、ガルシアに対する罪の意識に苦しまないはずがない。だから彼女はその贖罪のためにも、ガルシアと最期まで共に生きるだろう。

　結果的に、二人だけの世界に閉じ込めることができた。人を殺める禁忌を犯し、業を背負うなど些末なことだ。

（中略）

失ったものは多いが、それでも得たものがある。

大切な女性の愛情と新しい命だ。それらを守るためにも、ガルシアは己の過ちを彼女に伝えることは決してない。

犠牲の上に成り立ったこの平和な日々を失わないために、命が尽きるまで大切な者たちを守ろうと心に決めている。

愛を手に入れた孤独な竜王は、箱庭の城を守り続ける。番の命が尽きる時まで、己が化石になる日まで。（三〇四～三〇五頁）

セレスティーンはガルシアの支配する竜王の城に閉じ込められている。そこから自分の力だけで出ることはできない。しかし彼女はガルシアとの愛に目覚め、自らの意思で留まることを決意した。それは幸せな結婚生活を意味していた。

セレスティーンは閉じ込められたまま、ガルシアと共に生きていく。これもまた、優しく甘い隷属状態だ。『砂の女』で男が縄梯子をながめながら穴の底の家にとどまっていることと、根底で通じ合っている。

「閉ざされた家」は心理的に住人を外部から遮断する。次に我孫子武丸の『修羅の家』[7]をみていこう。北九州で実際に起きた監禁事件を彷彿とさせる話だ。

7　講談社、二〇二〇年。

神谷優子という女に弱みを握られて家に連れて行かれた野崎晴男は、異様な光景を目にする。優子を「ママ」と呼ぶ家族たちだ。男女の子供が二人、その親らしき三十前後の男女。さらに白髪の男女。中年男と、二十前後と思われる若い男。そして愛香という名の若い女。弱みを握られている晴男はその家族の一員としてその家に引っ越す。家族はそれぞれ何かしら「稼ぎ」を持って帰らなければならないことになっていて、晴男は稼ぎが少なかった者の体罰をさせられる。家族はみな優子に借金をしていて、「稼ぎ」は借金返済と生活費に充てられることになっていた。

ある日、晴男が事故で命を落とした。しかし死体は消えていた。何が起こったのか。実は、家族が晴男の死体を解体し、煮て、その肉を食ったのだった。

この凄惨な物語はこうして終わりを迎える。優子が作ったのは疑似家族だ。彼女自身、被害者の立場で同じような家族にいた。そして今度は彼女が家の主となって、疑似家族を支配する。だれかが失態を犯したら別の家族がそれを罰する。受ける方も罰する方も苦痛だ。家族は逃げようと思えばできそうなものなのに、相互監視の心理も相まって、逃げようとしない。心理的な何かが阻んでそれができないのだ。

この家族も、『砂の女』の家に囚われた男や、竜王の城に囚われたセレスティーンと同様だ。閉じられた家という空間は、内側へと向かう魔力のようなものを持っていて、そこから出ていくことを許さない。あたかも家そのものに力があるかのように。

第5章
「イエ」の継続と断絶

これまで、建物、「容れ物」としての家についてみてきた。次に考えたいのは、家系としての「イエ」に関わる話だ。イエを存続させるためには多くのものが犠牲にされた。とくに女性の幸せが犠牲となる場合がある。イエをめぐる男と女の対立とは、どのようなものだろうか。

イエに向けられたお岩の呪い

まず、日本で最も有名と思われる怪談、「お岩」を見ていこう。

お岩の話は『東海道四谷怪談』の一部に記されている。歌舞伎脚本作者・四世鶴屋南北（一七五五―一八二九）晩年の作品で、文政八年（一八二五）七月、江戸中村座において初めて上演された。はじめは『仮名手本忠臣蔵』の中に組み込む形での上演で、『四谷怪談』の最終幕のあとに、『忠臣蔵』の第十一段目・討ち入りの場面が演じられて完結した。のちに『四谷怪談』の部分は切り離され、人気の演目として現代でも繰り返し上演されている。お岩の話は次のようなものだ。

民谷伊右衛門は別居中の妻・お岩の父、四谷左門を殺害し、薬売りの直助と謀り、全くの他人を仇に仕立て、お岩に敵討ちを約束する。伊右衛門とお岩、直助とお岩の妹お袖は、江戸で別々に暮らす。伊右衛門とお岩は一子を儲けたが、お岩は産後の肥立ちが悪い。貧しい暮らしの中、伊右衛門はお岩から心が離れ、伊藤喜兵衛の孫お梅と結婚するため、病に伏すお岩に薬と偽り毒薬を渡し、按摩の宅悦と不義密通を働かせてそれを口実に離縁する計画を練る。お岩はその毒薬を飲み、顔の片方が醜くただれる。宅悦はおびえて伊右衛門の計画を暴露する。お岩は苦しみながら自害する。その夜、伊右衛門とお梅は祝言をあげるが、初夜の床でお岩の幽霊を見て錯乱した伊右衛門は、お梅と伊藤家の人間を次々と殺す。殺人者として追われる身となった伊右衛門の前に、お岩の死体が現れ、両目を見開いて伊右衛門をにらみつけ、「民谷の血筋、伊藤喜兵衛が根葉を枯らしてこの恨み」と言う。お岩の恨みは伊右衛門を祟り殺す。[1]

東海道四谷怪談 『神谷伊右エ門 於岩のばうこん』（歌川国芳）

1　沖田瑞穂『怖い女』原書房、二〇一八年、三七〜三九頁を引用した。

中臺希実によると、お岩と伊右衛門の間には、「家」に対する決定的な価値観の違いがある。伊右衛門にとっての「家」は、自分の身上がりのため、つまりより良い家格の家に属するための踏み台でしかない。そのためにお岩と婚姻関係を結んだが、貧乏になると、金持ちの伊藤家との婚姻を画策する。したがって伊右衛門は、お岩が生んだ男児を厭い、本来なら跡継ぎであるのに、お岩ともども邪険にした。お岩の方は、夫と共に跡継ぎを産み育てる「イエ」を当然のごとく重視している。両者の価値観の対立がやがて伊右衛門の暴力を生み、悲劇につながるのであるという。[2]「イエ」の継続を願ったお岩だったが叶わず、子供を殺して自害し、伊右衛門に対しては「根葉に至るまで」の呪いをかけた。この話は、古川のり子によって指摘されているように、[3]日本神話のイハナガヒメと似ているところがある。イハナガヒメの神話は、このようなものだ。

天上の最高女神アマテラスの孫であるホノニニギは、ある時笠沙の岬で美しい乙女を見

2　中臺希実「第9章　東海道四谷怪談に表象される「家」と婚姻、身上りと暴力」千葉大学大学院人文社会科学研究科研究プロジェクト報告書三〇一、二〇一六年、一二六～一三七頁。
3　「不死をめぐる神話――『東海道四谷怪談』」『松村一男編『生と死の神話』宗教史学論叢9、リトン、二〇〇四年。

初めた。その娘は山の神オホヤマツミの娘で、名をコノハナサクヤビメといい、姉妹にイハナガヒメがいた。ホノニニギがオホヤマツミのもとへ行ってコノハナサクヤビメとの結婚を申し入れると、オホヤマツミは大変喜び、姉のイハナガヒメも副えて、多くの品物と一緒に娘を差し出した。しかしその姉は容姿がひどく醜かったためにホノニニギは恐れをなして、親のもとへ送り返してしまい、妹のコノハナサクヤビメだけを側に留めて一夜を共にした。

オホヤマツミは、ホノニニギがイハナガヒメを送り返したことを深く恥じて、次のように言ってホノニニギとその子孫を呪った。「私が二人の娘を並べて差し上げたのは、イハナガヒメを娶ることで天つ神の御子の命が岩のごとく不変であるように、またコノハナサクヤビメを娶ることで、木の花が咲き栄えるごとく繁栄するようにと、祈願して差し上げたのに、イハナガヒメを返してコノハナサクヤビメだけを留めたから、この先天つ神の御子の命は、木の花のようにはかないものになるだろう」。このようなわけで、今に至るまで、代々の天皇の寿命が短くなったのである。[4]

『古事記』に記されるこの話では、イハナガヒメによって天皇の一族の寿命が短くなった

4　沖田『怖い女』四〇～四一頁を引用、一部文章を変えた。

とされるが、同じ話が『日本書紀』にも記されており、そこでは結末が少し違っている。呪いをかけたのは親のオホヤマツミではなくイハナガヒメ自身で、しかも天皇の一族だけではなく、人間の寿命をも短くしたのだという（第九段一書第二）。

このイハナガヒメの話を読み解くために有効なのが、インドネシアに伝わる「バナナ型」と呼ばれる死の起源神話だ。セレベス島では、その話は次のように伝わっている。

大昔、天と地の間は今よりもずっと近くて、人間は創造神が天から縄に結んで下ろしてくれる贈り物によって暮らしていた。ある日、創造神が石を下ろしたところ、人間の始祖の夫婦は受け取らずに、他のものが欲しいと要求した。神が石を引き上げて、バナナを下ろしてやると、夫婦は喜んで食べた。すると天の神はこう言った。「石を捨ててバナナを選んだから、おまえたちの寿命は、子どもを持つとすぐに親の木が枯れてしまうバナナのように儚くなる。もし石を受け取れば、寿命も石のように永久になったのに」。[5]

5　大林太良・伊藤清司・吉田敦彦・松村一男編『世界神話事典　創世神話と英雄伝説』角川ソフィア文庫、二〇一二年、一四七～一四八頁を参照、一部引用した。

同じモチーフの話は、モルッカ諸島のセラム島ではこのように伝えられている。

大昔、バナナの木と石が、人間がどのようであるべきかについて激しい言い争いをした。石は言った。「人間は石と同じ外見を持ち、石のように堅くなければならない。人間はただ右半分だけを持ち、手も足も目も耳も一つだけでよい。そして不死であるべきだ」。するとバナナはこう言い返した。「人間はバナナのように、手も足も目も耳も二つずつ持ち、バナナのように子を生まなければならない」。言い争いが高じて、怒った石がバナナの木に飛びかかって打ち砕いた。しかし次の日には、そのバナナの木の子どもたちが同じ場所に生えていて、その中の一番上の子どもが、石と同じ論争をした。

このようなことが何度か繰返されて、ある時新しいバナナの木の一番上の子どもが、断崖の淵に生えて、石に向かって「この争いは、どちらかが勝つまで終わらないぞ」と叫んだ。怒った石はバナナに飛び掛ったが狙いを外して、深い谷底へ落ちてしまった。バナナたちは大喜びで、「そこからは飛び上がれないだろう。われわれの勝ちだ」と言った。すると石は、「いいだろう。人間はバナナのようになるといい。しかし、その代わりに、バナナのように死ななければならないぞ」と言った。[6]

つまりこれらの話によると、一方の側に「岩・石」によって象徴される「不死」がある。他方には「バナナ・花」によって象徴される「子孫繁栄」と、それと引き換えに課せられる「死の運命」がある。この二つの価値観は、決して併存することはない。どちらか一つだ。そうでなければ、つまり不死でありなおかつ子孫をもうけることができたなら、地上は生命であふれてしまい、秩序が成り立たないからだ。

さて、これらに照らしてお岩の話に戻って考えてみたい。お岩ははじめ、美しく、子を産むコノハナサクヤビメ的な女性であった。インドネシアの神話でいうと「バナナ」である。ところが伊右衛門に裏切られ、死を決意すると、まず子を殺す。そして自らも命を絶ち、伊右衛門に「根葉に至るまで」、つまり家系を断絶させる意味の呪いをかける。インドネシアの神話でいうと、死を宣告した「石」の役割だ。生前のお岩が「美しい・産む・家を継続させる」女性であったとするならば、死後のお岩は「醜い・死をもたらす・家を断絶させる」幽霊なのだ。そうすると、前者はコノハナサクヤビメに、後者はイハナガヒメに

6　前掲書、一四八～一四九頁を参照、一部引用した。

相当する。お岩は一人で、この二人の対立する女神たちの性質を、その生と死によって表しているのだ。

そのように考えるとお岩は、本書で何度か取り上げたイザナミにその根源的な起源を有すると考えられる。イザナミは日本の国土と神々を産み出した美しい女神であった。しかし死ぬと、醜い姿に変わり果て、人間に死の運命を定めることになった。

これらを図式化すると、次のようになる。

生前のお岩「美しい・産む・家を継続させる女」↓コノハナサクヤビメ
≫イザナミ
死後のお岩「醜い・死をもたらす・家を断絶させる女」↓イハナガヒメ

血統を途絶えさせる女・メデイア

お岩のように、夫に裏切られてその血統を断絶させる話は、ギリシアの神話にもある。メデイアだ。彼女はコルキスの王女であり、コルキスの宝である金羊毛を求めてやって来たイアソンに恋をして、彼のために魔術を使って金羊毛を奪うのを手伝った上、逃走の際には船の上で弟を殺害して八つ裂きにして海に投げ入れ、父の追跡を逃れた。

この先の話は、エウリピデスの『メデイア』に語られている。

（その後）コリントスでメデイアは（イアソンとの間に）二人の息子に恵まれ平穏な日々を送ったが、イアソンはメデイアを裏切り、コリントス王クレオンの娘グラウケと結婚することを決め、メデイアを国外追放しようとした。これを知ったメデイアは復讐のため、結婚祝いとして、毒を塗った花嫁衣裳をグラウケに贈り、グラウケとその父を殺す。さらに、イアソンとの間に生まれた二人の子供も殺害し、戦慄したイアソンの見ている前で、子供たちの遺骸を抱え、祖父の太陽神ヘリオスが遣わしたドラゴンの牽く戦車に乗って天空へ去ったという。[7]

このギリシアの話は不思議にもお岩の話とよく似ている。イアソンと伊右衛門は妻を裏切ってより良い地位を得るための結婚を画策し、そのために妻を離縁しようとするが、裏

7 『世界女神大事典』「メデイア」（平山東子執筆項目）を一部引用した。括弧内は筆者による補足。

『我が子を殺すメデイア』、ドラクロワ、1862年、ルーヴル美術館所蔵。

切られた妻は夫との間の子を殺して、一方は天空へ去り、多方は自害することによってあの世へと去る。「毒」という要素も共通だが、これは一方では夫の新しい妻に使われ、他方では自分自身がそれを盛られた。神話によくある「反復と変形」の構造だ。つまり、同じ筋書きであるが、その一部の要素、ここでは「毒」の要素の使われ方が、反転して表われている。

いずれの場合も、夫にとって必要な「イエ」を存続させる男児を、妻が殺害してイエを断絶させている、という共通点がある。

子殺しのメデイアとよく似た話が、同じギリシア文化圏にある。オウィディウスの『変身物語』に記される、次の話である。

トラキア王テレウスとアテナイの王女プロクネが結婚した。初夜の閨《ねや》には不吉なふくろうが現れて、ふたりの未来を暗示した。やがて男児イテュスが生まれ、幸せに暮らしているように思われた。ある日プロクネは、妹のピロメラに会いたいと夫に甘えた。テレウスはさっそく船を海に出し、ピロメラを迎える。その姿を見たとたん、テレウスは恋に落ちた。テレウスは言葉巧みにピロメラをトラキアの姉に会いに来るよう誘い、すっかり騙されたピロメラも姉に会いたいと父に取りすがる。父王の許可が出て、ピロメラを乗せた船がトラキアの地に着くと、王は彼女をある羊小屋に引っ張り込み、怖がる少女を、暴力で制して犯した。ことが終わってテレウスをののしり続けるピロメラの舌を、彼は残酷にも切って落とした。そしてプロクネのもとに帰ると、ピロメラは死んだと作り話をはなして聞かせた。

ピロメラは復讐をあきらめなかった。機を織って、そこに罪を告発する緋色の文字を織り込み、召使の女に、王妃のもとに持参するように身振りで頼んだ。召使は何も知らずにそれを王妃のもとに届けた。

それを見て事実を知ったプロクネは、ただちに冷静に報復を考えた。そしてバッコスの祭りの喧噪に乗じて妹を奪還し、恐るべき復讐を考えた。息子のイテュスを捕まえてその胸と脇腹の合わせ目のあたりを剣で切り付けたのだ。さらにピロメラが子供の喉を刃で裂く。なおも引き裂いた上、死体の一部は青銅の釜で煮られ、一部は串焼きにされる。一面は血みどろである。

その恐ろしい食膳に、プロクネは夫を招いた。テレウスは何も知らずに息子の肉を食べ、さらに「イテュスはどこだ」と言い出す。プロクネが「あなたの中にいますわ」と言うと、ピロメラがイテュスの首を父親の顔に投げつけた。王は半狂乱になって姉妹を追ったが、二人は鳥になって飛び去った。テレウスもまた、やつがしらという名の武装したような姿の鳥になったという。[8]

このプロクネとピロメラの話にも、メデイアと同じモチーフが表れている。すなわち、夫の不貞や暴力への復讐が、夫との間にできた息子の殺害であるのだ。夫にとっては、かわいいわが子、そして血統を存続させるための大事な息子だ。それを奪うことが、最も効果的な復讐とされていたのだ。

王家の継続に執着する男――『天空の城ラピュタ』

本章の最初に取り上げたお岩は、当然のこととして伊右衛門との間に子を成してイエを継続させることを望んでいたが、叶わずに子供を殺した。メデイアの場合は、夫への効果的な復讐として、夫との間に生まれた男児を殺害し、彼の血統を途絶えさせた。プロクネ

8　中村善也訳『オウィディウス　変身物語』（上）岩波文庫、一九八一年、二四一〜二五四頁を参照した。

とピロメラの話も同様だ。ところで、「イエ」の継続のテーマとしては、宮崎駿監督のアニメ作品『天空の城ラピュタ』(一九八六年公開)も同じ視点から考察できるところがある。

主人公の少女シータは天空の城ラピュタの王家の末裔である。ラピュタとは空に浮かぶ城で、かつて高度な科学でもって地上を支配していたとされる。飛行船から落ちてきたシータを助けた少年パズーの父が、かつてその城を目撃していた。ラピュタで作られたという「飛行石」を持つシータとパズーは、それを欲しがる空中海賊の女ドーラに追われ、その後シータは軍の特務機関の男ムスカにつかまる。ムスカから逃げ出したシータはパズーと共にドーラの船でラピュタにたどりつく。ムスカも軍とともにラピュタに着いていた。実はムスカはシータと同様にラピュタ王家の末裔だった。その城でムスカはシータに「当分ふたりきりでここに住むのだからな」と言う。明示されてはいないものの、彼の目的が二人の結婚による王家の継続であることが示される。最後にはシータとパズーの放った呪文の言葉「バルス」によって、城は基幹部のみを残して崩壊する。シータとパズーは地上に戻る。

ここでは「城」が「家」と「イエ」の両方の意味を持つ。「家」としてこの城は、シータとパズーという二人の子供の成長をうながす、通過儀礼の場としての役割を果たした。

「イエ」としては、ラピュタ王家の存続を望むムスカの野望の象徴であった。結局、「家」は役割を果たし、「イエ」は継承者を得ることができず、ムスカは敗れ去ることになった。男性にとっての「イエ」への執着を、シータが城を破壊することによって拒絶し断絶させたのだ。

なお、シータの名前はインドの叙事詩『ラーマーヤナ』の女主人公シーターに由来するものと思われる。シータとシーターの間には見逃せない共通点がある。シータのセリフに、次のようなものがある。クライマックスにおいてムスカに対して放った言葉だ。

「いまはラピュタがなぜ亡びたのかわたしよくわかる
ゴンドアの谷の歌にあるもの
土に根をおろし
風とともに生きよう
種とともに冬をこえ
鳥とともに春を歌おう
どんなに恐ろしい武器を持っても

たくさんのかわいそうなロボットを操っても
土から離れては生きられないのよ！」[9]

シータは空中の城ではなく、地上で土に根付いて暮らすことが正しいのだと主張した。一方、『ラーマーヤナ』のシーターは、赤子の姿で大地の畝から見いだされ、最期には大地が割れてその中に消えていった、大地の女神そのものである。名前の類似と、「大地」という共通項から推察すると、シータもまた、天空の城の王女の資格を持ちながらも、大地を選んだ「大地の女神」の末裔であると言えるだろう。

呪われた家系——メリュジーヌ三姉妹と母プレシーヌ

序章でも紹介したが、フランスにメリュジーヌという蛇女の話がある。彼女は人間のレイモンダンと結婚して多くの子をもうけるが、夫が妻に課せられた「禁止」を破ったため、

9　宮崎駿原作・脚本・監督『シネマ・コミック2　天空の城ラピュタ』文春ジブリ文庫、二〇一三年、四八七〜四八八頁を引用した。

蛇の姿を現して去って行った。この話に、家系の呪いというべきモチーフが表れている。

騎士レイモンダンは森で美しいメリュジーヌと出会い、結婚した。メリュジーヌは開墾や灌漑などを行い、二人の間に生まれた息子たちは各地へ遠征に出かけて王や公になった。とくに長男はキプロス王となり、史実のリュジニャン一族と接続する。

結婚にあたりメリュジーヌは夫に、「毎週土曜に私の姿を見てはならない」という禁止を課していた。ところが実の兄弟から悪い噂を吹聴されたレイモンダンは、ある土曜に、妻の部屋に穴を開けて中を覗いた。入浴中だったメリュジーヌは、腰から下が蛇の姿だった。その後、レイモンダンは妻を「蛇女」と言って侮辱したので、彼女は蛇の姿になって空を飛んで去っていった。[10]

このメリュジーヌの母も、同じような運命だった。夫に対して「お産の間は決して私の姿を見ないでください」という禁止を課していたが、見られたので去っていった。そして三人の娘を産むが、彼女らが父を恨んで監禁したので、その娘らを呪った。その呪いがメ

10 『世界女神大事典』「メリュジーヌ」（渡邉浩司執筆項目）を参照し要約した。

メリュジーヌの変身と飛翔。『メリュジーヌ物語』1692年のトロワ版の本扉。

リュジーヌの蛇の姿につながる。[11]
メリュジーヌに呪いをかけたのは彼女の実の母であったのだ。女系の呪いと言えそうなモチーフが表されている。

呪いの家系——実在の呪力

メリュジーヌに見られたような母方の家系の呪いが、川奈まり子によって報告されている実話に見られる。川奈は彼女が「体験者」と呼ぶ人物から、実際に彼らが体験した怪談を聞き取り、自ら調査した上で文章にしたためて発表するというスタイルを取っている。川奈の『少女奇譚』[12]に発表された「呪殺ダイアリー」(一二八～一四八頁)という話を紹介しよう。

インタビューを受けた時点で三九歳であった山本恵子さんは、旧家の生まれであった。彼女の実父はあるとき恵子さんの目の前で血の泡を吹きながら死んだ。その後母は恵子さんの姉と恵子さんを連れて実家にもどり、祖父母と五人の生活をしていたが、祖父母は

11　ジャン・マルカル著、中村栄子・末永京子訳『メリュジーヌ』大修館書店、一九九七年、一二八～一二九頁、三三五～三三六頁を参照した。
12　晶文社、二〇一九年。

六〇歳そこその若さで急死した。

恵子さんの母はレストランで働き始めた。恵子さんが五歳の時、母が再婚した。継父は恵子さんに暴力をふるった。母は見て見ぬふりだった。恵子さんは「この人はいらない」と思った。その日、継父はほんとうに帰ってこなかった。道端で凍死していたのだ。

その後も母の恵子さんに対する態度は頑なであった。姉をえこひいきして、恵子さんを虐待していた。

恵子さんが七歳のとき、母は再び家に男を連れてきた。この男は最初のうち優しかったが、一年ほどたったある時、恵子さんに性的虐待を加えるようになった。その現場を母が見て、男と口論になった。恵子さんは再び思った。「この男も、いらない。消えろ」。彼はその翌日、工事現場で死んだ。

これで終わりではなかった。十歳の時に母が引きこんだ男が、姉と恵子さんに性的暴力を振るおうとしたので、恵子さんは「この男もいらない」と思った。男は浴室で転倒して死んだ。

その後恵子さんの家は死者が多く出る、ということで村八分になった。母は故郷を捨てることを決意した。

聞き手の川奈は、ここで次のような独白をする。

恵子さんの話を傾聴しながら、私は日本の伝統的な〝家〟というものを想った。恵子さんの〝家〟を鑑みると、出ていった長男は帰らず、その他の男は全員死に絶えた。

母が連れてきた新しい男は、〝家〟を保つどころか、苦しみしかもたらさなかった。

〝家〟は恵子さんたち母子を幸せにはしなかった。

同じように、これまでに〝家〟が不幸にした女たちはいっぱいいただろう。私には、恵子さんと彼女の母の呪殺する能力は、旧家の断末魔に咲いたあだ花に思えた。

女たちの呪いが、悪しき〝家〟の伝統にとどめを刺し、始末をつけるのだ……。

（一四三頁）

話にはまだ続きがあった。恵子さんが最も恨んでいたのは、男たちではない。ほかならぬ自分の母であった。その母は、恵子さんが二十歳の時に、「脊髄小脳変性症」という病気で入院した。これは今のところ治療法がない難病で、発症から約十年で死に至るとされている。進行性の麻痺をともなう病気だ。母の場合、その麻痺がまず口、次に手足におよび、先端から壊死していく。それを少しずつ少しずつ切断していって、最後には両腕両脚を付け根から失う。目も見えなくなる。この状態が八年間続いた。八年間とは、恵子さんが虐待を受けていた年数であった。

川奈がいうように、これは「呪殺」の家系、それも女系の話である。呪いの力を持つ母と娘。そのそれぞれの生活を脅かす男たちが次々と死んでいく。最後には母が娘によってじわじわと苦しめられながら死に赴く。もはや家系の継続が見込めなくなった「旧家の断末魔」なのだ。

家系の存続が絶対の義務――インドの神話から

家系の存続を断絶させる女や少女の話を見てきたが、次に、家系の存続が絶対的な義務であるとされる、インド神話の世界を見ていくことにしよう。

インドでは、家系の継続は家系を担う夫婦の最大の義務であった。なぜなら、家系が継続しなければ、祖霊が苦しむことになるとされているからだ。たとえば、次の話だ。

アガスティヤ仙はある時、洞窟の中で頭を下にして吊り下がっている自らの祖霊たちを見た。祖霊たちは、アガスティヤに子孫がいないためにそのような地獄にいるのであった。アガスティヤは子孫を作る決意をしたが、ふさわしい相手を見つけることができなかったので、自ら様々な生物の諸部分を集めて、最高の女性を作り出し、子どものいなかったヴィダルバ国王に与えた。その娘はローパームドラーと名付けられ、ヴィダルバ国で美しく成長した。彼女が適齢期になると、アガスティヤ仙が求婚にやって来た。王は戸惑ったが、ローパームドラーは進んでアガスティヤ仙に嫁いだ。彼女は豪華な衣服と装飾品を捨て、粗末な衣と樹皮と鹿皮をまとい、夫と同じ生活を送った。彼女の容姿と行いに満足したアガスティヤ仙が、交わりを持とうと近づくと、ローパームドラーは自分の生まれにふさわしい豪華な寝台を要求した。アガスティヤは悪魔のイルヴァラを懲らしめて財宝を譲り受け、それによってローパームドラーの要求を叶えた。やがてローパームドラーは徳高い息子ドリダスユを産んだ。[13]

祖霊信仰のあるインドでは、血統の存続は、祖霊たちにとって文字通り生きるか死ぬかの問題である。子供、それも男児が生まれなければならない。なぜなら、祖霊祭を司るのは男子であるからだ。家を継いだ男子によって祖霊に食物と飲み物が捧げられなければ、祖霊たちは飢えに苦しむことになる。そのためにどうしても子孫が続いていかねばならないのだ。

同じように子孫断絶の危機で祖霊が苦しむ話として、『マハーバーラタ』のジャラトカール仙の話がある。

大苦行者ジャラトカールは地上を遍歴するうちに、ある洞窟の中で顔を下にしてぶら下がっている祖霊たちを見た。彼らはジャラトカール自身の祖霊で、彼が苦行に専心して子孫を作らないため、家系断絶の危機にさらされて地獄に落ちる寸前でそのような姿になっているのであった。ジャラトカールは結婚して子孫を作ることを誓ったが、細かい条件を

13 『世界女神大事典』「ローパームドラー」(沖田執筆項目)を引用した。

つけた。「私と同じ名で、その女性が自ら進んで、施物として与えられ、彼女を扶養しなくてもよいなら」。こうして苦行者ジャラトカールは再び地上を歩き回ったが、彼は老人であったので、妻を得ることはできなかった。そこに竜王ヴァースキが着飾った妹を連れて現れ、その妹を苦行者に与えようとした。ジャラトカールがすぐに受け取ろうとしないでいると、ヴァースキは言った。「この私の妹は、あなたと同じ名のジャラトカールである。あなたの妻となっても、私が彼女を扶養しよう」。こうして二人のジャラトカールは結婚した。しかし妻は気難しい夫の機嫌を些細なことで損ねてしまい、苦行者ジャラトカールは間もなく妻のもとを去った。二人の間にはアースティーカという優れた息子が生まれた。このアースティーカが、ジャナメージャヤ王の行った蛇族を全滅させる蛇供犠を止めさせ、母の一族を救った。[14]

ローパームドラーとジャラトカール、いずれの話も女性が家系存続のための手段として、もっと言うと道具として、利用されていると読むことができるだろう。

14 『世界女神大事典』「ジャラトカール」(沖田執筆項目)を引用した。

『マハーバーラタ』における王家の血統の存続

先に見たように、血統の存続が絶対視されるインドであるが、これが王家存続にかかわる問題ともなると、いっそう重大事項となる。『マハーバーラタ』の主筋の神話における、クル王家の話を見てみよう。クル王家の発端に関わる神話では、この王家は川の女神ガンガーに連なるものとされている。

ある時八人のヴァス神たちはヴァシシュタという偉大な聖仙の怒りを買い、地上に生まれ変わらねばならないという呪いを受けた。ヴァスたちはガンガー女神（ガンジス川の女神）に、地上に降りて自分たちの母となってくれるよう頼んだ。ガンガーがこれを承諾すると、さらにヴァスたちは、少しでも早く天界に戻れるよう、生まれたらすぐに自分たちを川に投じて殺してくれるよう、頼んだ。ガンガーは承諾したが、一人だけ子供を地上に残すことにしたいと求めた。そこでヴァスたちは、彼ら八人の一部ずつによって一人の子を作り、その子を地上に残すことに決めた。

地上に降りたガンガーはシャンタヌという王の妻となり八人の子を産んだが、生まれるとすぐに子どもたちを川へ投じて天界へ帰してやった。事情を知らないシャンタヌはガンガーのこの恐ろしい行いに耐えられなくなり、八人目の子が生まれた時、彼女を罵った。するとガンガーは正体を明かし、全ての事情を語ったうえで、神々の世界へ帰っていった。[15]

八人目の子がビーシュマで、クル族のよき指導者としてのちに活躍することになる。こうしてガンガー女神によってクル族の起源が語られているが、ここで誕生したビーシュマは家系を相続しなかった。それは次のような話である。

ガンガー女神と別れたのち、シャンタヌ王は美しい漁師の娘サティヤヴァティーに恋をした。彼女の両親に結婚を申し入れたところ、漁師は厳しい条件を突きつけた。それは「娘の産んだ息子を次の王とすること」であった。シャンタヌにはすでに、ガンガーとの間に生まれた皇太子であるビーシュマがいた。シャンタヌが恋に悩んでいると、父の悩みを知ったビーシュマは自ら皇太子を降り、さらに自分に息子ができることのないよう、生涯未婚の誓いを立てた。

15　以下、『マハーバーラタ』については、沖田『マハーバーラタ入門』勉誠出版、二〇一九年を参照、または引用した。

ビーシュマの誓いは、これまで述べてきたインドの思想から考えると、途方もなく恐ろしいものであることが分かる。祖霊を苦しめないために子孫を、特に男子をもうけねばならぬのに、彼は自らその責務を放棄したのだ。

この話の続きを見ていこう。


こうしてサティヤヴァティーと結婚したシャンタヌ王に、チトラーンガダとヴィチトラヴィーリヤという二人の息子が生まれた。兄のチトラーンガダが王位に就いたが、彼は半神族ガンダルヴァとの戦いで命を落とした。若くして次の王位に就いたヴィチトラヴィーリヤ王は、子を作らないまま若死にした。このため王位を継承する息子がおらず、クル国は王国存続の危機に立たされた。

サティヤヴァティーはビーシュマに相談し、自らの過去を語り始めた。彼女は結婚前、聖仙パラーシャラに見初められ、魚から生まれてきたために常に魚臭かった体臭を取り除いてもらう代わりに、彼と交わりを持った。その結果生まれたのがヴィヤーサ仙である。

そこで、このヴィヤーサ仙を呼んで、ヴィチトラヴィーリヤの二人の未亡人、アンビカー

息子ビーシュマを連れたガンガー女神とシャンタヌ王

とアンバーリカーとの間に子を成すことを提案した。ビーシュマがその案を承諾すると、サティヤヴァティーはヴィヤーサを想起した。すぐに姿を現わしたヴィヤーサ仙は、母の望みを叶えるため、二人の未亡人と交わりを持ち、盲目のドリタラーシュトラと、青白い肌のパーンドゥを産ませ、アンビカーの代理の召使女との間に徳高い三男のヴィドゥラをもうけた。

三人の息子はビーシュマが養育した。成長すると、ドリタラーシュトラは盲目のため王位を継承せず、ヴィドゥラも混血のため王位を継承しなかったので、パーンドゥが王となった。パーンドゥを名目上の父として生まれたのが『マハーバーラタ』の主役の五兄弟、パーンダヴァ五兄弟である。

王家の血統存続に、サティヤヴァティーという女性が力を尽くしていることがわかる。しかし血統の存続は再度困難に陥れられた。次のような話である。

ある時パーンドゥ王は、森で狩をしている時に雄と雌の鹿が交尾をしているのを見た。彼は五本の矢をすばやく放ってその雌雄の鹿を射た。しかしその雄鹿は、ある聖仙の変身したものだった。彼はパーンドゥを呪って、女性と交わった瞬間に死が訪れるという呪いを彼にかけた。パーンドゥ王にはクンティー、マードリーという二人の妃がいたが、まだ子どもはいなかった。この呪いのために彼は、自らの種によって子孫を残すことが永遠に不可能な身体になってしまった。しかし彼はどうしても王子を得たいと願っていた。

一方王妃クンティーは、望んだ時に好きな神を呼び出して、その神の子を宿すことができるという祝福を授かっていた。クンティーはパーンドゥの要請に従って、呪文を用いて法の神ダルマを呼び出し、ユディシュティラを産んだ。同様に風神ヴァーユによってビーマを授かった。次に神々の王インドラを呼び出し、最大の英雄アルジュナを得た。

クンティーに素晴らしい三人の息子ができたのを羨んだもう一人の妃マードリーは、自分にも息子が欲しいとパーンドゥに頼みこんだ。パーンドゥの命令で、クンティーは彼女のために一度だけ神を呼び出すことを承知した。マードリーは一度の機会で最良の結果を得ようと考え、クンティーの呪文によって常に行動を共にする双子の神アシュヴィンを呼び出し、双子の息子ナクラとサハデーヴァを儲けた。このようにして、パーンドゥには五人の王子ができた。

ここでも、血統存続のために力を尽くしたのは、女性であるクンティーである。クンティーの呪文なくしては、そもそも『マハーバーラタ』の主役の英雄たちが生まれてくることもなかったのだ。

このようにクル王家は世代を超えて、ガンガー、サティヤヴァティー、クンティーという女神や女性の尽力によって継続されてきた。しかし王家は、物語の最後でいったん全滅させられることになる。パーンダヴァと敵対するアシュヴァッターマンというバラモンが、パーンダヴァ五兄弟の子孫を断絶させたのだ。このような話だ。

アシュヴァッターマンは戦争に勝利して油断したパーンダヴァの陣営に夜中ひそかに潜りこみ、そこにいたほとんどの戦士を殺し、さらに火をつけて全滅させた。たまたまその場所にいなかったパーンダヴァ五兄弟と、クリシュナとサーティヤキのみが助かった。パーンダヴァはアシュヴァッターマンを追い、ガンジス川の川辺で彼を見つけた。アシュヴァッターマンはこれが最後の勝機と、葦を手に取ると、それを「ブラフマシラス」という武器に変化させた。世界を破滅させる恐ろしい武器であった。するとアルジュナが、同じ「ブラフマシラス」を現出させて、アシュヴァッターマンの武器を無効にしようとした。二つのブラフマシラスが現れたため、世界は異変をきたした。雷が鳴り響き、何千という流星が落ち、天地は鳴動した。

ナーラダ仙とヴィヤーサ仙が事態を察知して、あわてて両者を止めようとした。恐ろしい武器で世界が滅亡することのないよう、二人に武器の撤回を求めた。アルジュナは武器を撤回することができたが、これは神の業であった。アシュヴァッターマンは撤回することができなかった。武器を現出させるよりも、それを撤回することの方がはるかに難しいのだ。もしブラフマシラスが放たれれば、その地域は、十二年間一滴の雨も降らず大干ばつに見舞われる、呪われた地となる。

アシュヴァッターマンは、その武器をパーンダヴァの妃たちの子宮に放った。彼らの家系を断絶させるために。しかしクリシュナは言った。「アルジュナの亡き息子、アビマニユの妃ウッタラーの腹に宿った息子は、殺されても蘇り、生き延びるであろう。パーンダヴァの家系は彼によって栄えるであろう。そしておまえは、胎児殺しの罪として、三千年間誰とも話しをすることなく地上を彷徨うだろう」。

アシュヴァッターマンは彼の頭につけていた宝石をパーンダヴァに渡すと、去って行った。宝石はユディシュティラの頭に置かれた。

敗将が最後に選んだ手段が、敵の子孫を全滅させることだったのだ。古代インドの思想に照らしても、非常に有効な復讐の手段であっただろう。しかしクリシュナによって、死産された子が蘇生され、家系は続いていくことになる。

ところがそのクリシュナの家系を断絶させる呪いを放つのが、女である。ガーンダーリーという名の、クル族の王妃だ。戦争で死んだ百人の王子の母である彼女は、クリシュナに対して、「あなたはその力があったのに、戦争を止めようとしなかった。だから今から三六年後に、あなたの一族は滅びるでしょう」と呪ったのだ。

アシュヴァッターマンはパーンダヴァの家系を断絶させようとしたが、クリシュナの力によって家系は存続した。しかしそのクリシュナの家系を途絶えさせたのが、ガーンダーリーであった。

すでに見てきたように、イエを存続させるためには女性の存在なくしてあり得ない。他方、イエを断絶させるのもまた女性だ。お岩の幽霊や、ギリシアのメデイア、プロクネとピロメラ、宮崎駿の『天空の城ラピュタ』のシータと同様に、インドの大叙事詩においても、真に家系を断絶させる呪いを放つのは、やはり「女」であったのだ。

戦場で息子たちの死を嘆くガーンダーリー

ソーマカ王の一人息子

インド神話はイエの存続に関わる話に事欠かない。次の話も『マハーバーラタ』に挿話として語られているものだ。多くの子供を得るために、一人息子を犠牲にしたという恐ろしい話である。

ソーマカという名の徳高い王がいた。彼には百人の妻がいて、息子を得るために大変な努力をしていたが、長い時が過ぎても一人も授からなかった。彼は年老いても精力的に努力をしていた。ある時、百人の妻の一人にジャントゥという名の息子が授かった。母親と他の妻たちはこの子を可愛がり、いつも皆でこの子を取り巻き、その望むことと喜ぶことは何でもしてやって、いつもその後をついて回った。

ある時、雌蟻がジャントゥの尻に噛みついた。噛まれた子どもは苦痛のあまり泣きわめいた。母たちも皆ひどく悲しんで、ジャントゥを囲んで泣いた。その声はたいへんに騒々しいものだった。

王は、大臣たちとの集会のさ中で、祭官たちと座っていた。そこに、突然起った悲歎の声を聞いた。何事かと思って人を遣ると、息子が蟻に噛まれたという。ソーマカ王は急いで立ち上がり、大臣たちと共に後宮に入り、息子をあやした。息子の機嫌を取ってから後宮を出ると、王は大臣を伴って、祭官たちと座った。

ソーマカ王は言った。

「ああ、一人息子とは！　息子などいない方がまだいい。一人しか息子がいないとは、なんと悲しいことであろうか。バラモンよ、私の百人の妻は厳選して集められた。そして息子を望む私と結婚した。しかし彼女たちは妊娠しなかった。私は全ての妻に対して努力したのに、どうにか一人息子のジャントゥが生まれただけだった。何という不幸か。これ以上不幸なことがあるだろうか。私と妻たちは年を取った。バラモンよ、彼女たちと私の生命はあの一人息子に依存している。このままではいけない。百人の息子が生まれるような、適切な祭式はあるだろうか。その祭式は、大きなものでも小さなものでも、行いがたいものでも良いから」

祭官は言った。

「百人の息子が生まれるような祭式があります。もしあなたがその祭式を行えるなら、お教えしましょう」

ソーマカは言った。

「なすべきことでなくとも、なすべきことでなくとも、百人の息子が生まれる祭式を必ず行う。尊者よ、私に語れ」

祭官は言った。「王よ、ジャントゥを祭式の犠牲にするのです。そうすれば、遠からず、あなたに誉れある百人の息子が生まれるでしょう。かの息子の脂肪が火に供されている時、母たちはその煙を嗅いで、非常に強力で勇敢なあなたの息子たちを産むでしょう。あなたの息子のジャントゥも、再び同じ母に生まれます。彼の左脇には黄金の印があるでしょう」

ソーマカは言った。

「バラモンよ、行うべきことは何でも行いなさい。息子を得るために、あなたの言葉を全て実行しよう」

祭官はジャントゥを犠牲としてソーマカ王に祭式を執り行わせた。母たちは息子を憐れんで強く引き止めた。母たちは彼の右手を掴んで引っ張った。祭官は左手を掴んで引き戻した。母たちが雌のミサゴのように悲しんでいる間に、祭官は息子を引っ張って、儀軌に従って彼を細かく切り刻み、その脂肪を火に供えた。脂肪が火に供えられている間、母たちはその煙を嗅いで、苦しみながら突然地面に倒れた。そして全ての妻たちは胎児を孕んだ。

十月を経て、ソーマカの全ての妻たちに完全な百人の息子が生まれた。ジャントゥは長男として同じ母から誕生した。彼は母たちにとって、他の自分たちの息子以上に愛しいものだった。彼の左脇には黄金の印があった。彼は美質を有し、百人の中で最も優れていた。

物語としては百人の息子が生まれて、ジャントゥもまた生まれてきて良かった、という終わり方になっているが、どのように解釈してもソーマカ王の罪は深い。人間を、自分の息子を犠牲にするなど、当然ダルマ（法）に反した行いだ。罪を犯してでも多くの子を得たかったということだ。一人息子では、そのたった一人の肩に、父親とその百人の妻と、そのさらに以前の祖霊の存続がかかっている。これは危うい状態であった。百人もいれば家系も祖霊も安泰なのだ。イエに対する当時のインドの思想をよく表わした話となっている。

手塚治虫『奇子』におけるイエと近親相姦の意味

イエの問題にかかわる日本における重要な作品として、手塚治虫の『奇子』がある。[16]まずはあらすじを見てみよう。複雑な内容であるが、以下のような物語である。

時は昭和二四年、戦争から復員した天外《てんげ》仁朗は横浜港で妹の志子《なおこ》や母との再会を喜んでいた。仁朗は東北で五百年の歴史がある大地主・天外家の次男であった。帰郷すると、家族が一人増えている。奇子《あやこ》といって、父母の一番下の娘ということになっていたが、実は父作右衛門が長男の嫁を寝取って産ませた私生児であった。

仁朗は生き延びるためにGHQのスパイになっていた。ある時、命令で共産主義者の男の殺人に関与するが、その男は妹である志子の恋人であった。帰宅した仁朗は、シャツに血がついているのに気が付き、夜中に家の中で洗い落とそうとするが、その場を近所に住む知的障害の少女・お涼と、彼女と一緒にいた奇子に見られてしまう。仁朗はかたく口止めしたが、奇子は警察に仁朗が血の付いたシャツを洗っていたことを無邪気に明かしてしまう。仁朗は口封じのためにお涼を溺死させた。また、一族から犯罪者が出て家名に傷がつくことを恐れた天外家の人々は、奇子がこれ以上仁朗の秘密を漏らすことのないよう、

16　小学館『ビッグコミック』に一九七二年から一九七三年にかけて連載。ここでは『手塚治虫文庫全集　奇子』①②、講談社、二〇一〇年所収のものを参考にした。

憑き物筋
イエに憑く動物

イエにはそれを継続させるために利用された者たちの呪いがつきまとう。とくにその呪いを発するのは女である場合が目立つ。

さて、「呪われたイエ」という視点では、日本の憑き物筋も考察できそうだ。

憑き物筋とは、日本の民俗において特定の家にキツネやイヌなどの動物霊が憑いていることをいう。この動物霊は基本的に憑いている人や家に富をもたらす。例えば小泉八雲が『日本瞥見記』に記したところによると、貧乏だった百姓が、ある日森の中で一匹の小さな白狐を見つけて連れ帰り、大事にして好物の豆腐や油揚げ、小豆飯などを十分に与えると、その家にはその日から福が向いてきたのだという。

吉田禎吾によれば、[1] 日本で人に憑くキツネやイヌガミは、個人だけではなく、特定の家系に結びついている。憑かれている家の者は「キツネモチ」「イヌガミスジ」「オサキモチ」「筋」「クロ（黒）」などと言われ、筋でない「シロ（白）」と区別されている。

また吉田によれば、[2] 讃岐の伝承においてイヌガミは次のように「作られる」。飼犬を首だけ出して地中に埋め、犬の好物の肉を与えて「汝の魂を我に与えよ」と言って刀を抜

1　吉田禎吾『日本の憑きもの』中公新書、一九七二年、一二三頁。
2　吉田、前掲書、一二八～一二九頁。

いて犬の首を打ち落とす。こうして犬の力を得て、仇を討とうと思っていた相手をかみ殺して本懐をとげた。それ以後、この人の家にイヌガミが伝えられ、婚姻を結ぶと、その家にもイヌガミが伝わるようになったという。

ほかに、四国の各地に伝わる話として、顔だけ出して埋めた犬の前に食事を食べられない位置に置いておき、犬が飢えたあとに首を切り、犬の念力を身につけた者がイヌガミスジの祖先だ、というものもある。

中村禎里は、憑き物が個人からイエに継承されることについて、このように説明している。

> ようするに、狐持ち筋の当初の一形態は、個人にたいする狐付きが家にまで拡大した状況だったと思われる。個人の狐付きに吉凶あるように、家の狐付きも禍福両方向に現われる。[3]

日本の民俗に見られる憑き物筋は、まずは個人に憑くものであったが、次第に家系に憑くものに変遷していったようだ。また、憑き物は福だけではなく禍をもたらすこともあるとされている。

このような家に憑く動物霊として、日本の憑き物筋は中国の呪術である「蠱毒」と似ている。このことは、江戸時代にすでに知られていたという。

蠱毒については、村上文崇の『中国最凶の呪い　蠱毒』（彩図社、二〇一七年）に詳しい。

そこでの説明を引用する。[4]

> 造蠱の方法は次のとおりである。
>
> 五月五日に大きなものは蛇から、小さなものは虱《しらみ》に至るまで、百種の虫を集めて器の中に入れ、互いに捕食させ、生き残ったものを保存する。
>
> 蛇が生き残れば蛇蠱であり、

3　『狐付きと狐落とし』戎光祥出版、二〇二〇年（再版）三六七頁。初版二〇〇三年。

4　村上、前掲書、四四〜四五頁。

蝨が生き残れば蝨蟲《しっこ》（虱蟲）であり、これで人を殺す。

食事とともに人の腹に入れば、その五臓を食らい、死ねばその遺産を蟲師のものにしてしまう。

三年、他人を殺さない場合は、蟲師自身に災厄が降りかかる。

造蟲の方法は代々の家伝であり、絶えることがない。

女子が嫁ぐときに伝えることもある。

ここで蟲毒が女子の婚姻によって伝えられると述べられているが、そもそも蟲毒という呪術は、女性が行使するものであるようだ。蟲師は女性であり、女性から女性に伝えられていくのだという。女系に伝わる呪い、とすると、川奈が紹介した「呪殺ダイアリー」の実話怪談を思い起こす。また、イエを断絶させてきた多くの女たちの力にも通じるものを感じさせる。

彼女を土蔵の地下室に幽閉したうえ死んだことにし、仁朗は追われるように家を出た。やがて奇子のいる蔵は改造された。その様子はこのように描写されている。

奇子の幼心にも　蔵の改造は　異様な不安感をつのらせた
それが一種の地下牢で　しかも自分にとっては墓穴にも等しい
密室であることは　さすがに理解できなかった
しかし　たんす　長持ちを運び出した蔵の中は空虚で
死のにおいがし　ひどく彼女をおびえさせた（『奇子』①二六九頁）

奇子は土蔵の中から壁を掘って出ようとしていたが、土壁の外側にさらに壁があることを知って、絶望していた。時が経ち、奇子は初潮を迎え、わけもわからず死の恐怖におびえた。

天外家の三男・伺朗は地下室を頻繁に訪れ、奇子をなぐさめる。思春期を迎えた奇子は伺朗の差し入れる雑誌から性愛へのあこがれを募らせ、伺朗に関係を執拗に求めた。伺朗は肉親であるが拒絶できず、応じることになる。その関係はそのあとも続くことになった。

やがて道路開発のため土蔵が取り壊されることになり、天外家の人々はそれに乗じて奇子を葬り去ろうとする。伺朗は奇子を救おうと、行李の中に入れて外界に連れ出した。しかし何年も幽閉されているうちに、奇子は外の世界を怖がるようになり、「お蔵の部屋へ帰りたい！　あそこが奇子の部屋なのよ！」と、行李から出ようとしない。

ところがある時奇子はこっそり抜け出し、送金を続けてきた兄・仁朗のもとへ向かい、仁朗の保護下で暮らす。

やがて故郷で天外一家は再びそろうことになる。場所は炭の貯蔵穴として使う洞窟の奥だ。市朗、仁朗、伺朗、奇子、志子、天外家の医師・山崎、そして奇子と同居していた下田が顔を合わせる。その中で、だれも奇子に謝ろうとしないと怒った伺朗は爆弾を使って洞窟の入口をふさいでしまう。だれもがどうにかしてそこを出ようとしていると、奇子が笑いだす。下田は言う。

「奇子の笑ってるわけが分かりますよ　奇子は復讐してるんだ
二十何年もの閉ざされた恐怖を……　いまのみんなが味わってるんで」

そして、洞窟が掘り出された時には、奇子だけが生き残っていた。ほほえみを浮かべて。たった一人、奇子だけが。

奇子は、天外家という五百年の歴史あるイエの継続のための犠牲者であり、小さな「家」、すなわち地下室の中に閉じ込められた。この「家」は暴力的な「閉じ込める家」だ。しかし奇子は、最後に一族の全滅を目にしてほほえみを浮かべていたのだという。ここからは、家を断絶させた女としての奇子の立場が暗示される。

奇子は伺朗と近親相姦の関係にあった。この近親相姦のモチーフは神話の近親相姦と比較できるところがある。

たとえば日本神話でイザナキとイザナミは兄妹で夫婦となり、日本の国土となる島々を産み、神々を産んだ。ギリシアでは原初の大地の女神ガイアが、自らの子である天空神ウラノスと交わって、子供たちを産んだ。エジプトでも、天地である女神ヌトと男神ゲブは兄妹だ。このように世界のはじまりの時に行われた神々の近親相姦は、秩序を超えた力を発動させ、世界創造の力となった。しかしいったん秩序が確立されれば、つまり今ある世界の結構が整えられたら、それは絶対のタブーとなる。

吉田敦彦は秩序が成立したあとの世界で行われる物語の中の近親相姦について、次のように述べている。

このように秩序の内においては不可侵のタブーだが、コスモスそれ自体を生み出す過程では、根源的力として作用すると認められる近親相姦はまた、既成の秩序が何らかの理由で転覆されまたは更新されねばならぬような場合にも、その転覆または更新を果たす原動力となることができる。[17]

この指摘に従って考えると、神話において秩序を作り上げた近親相姦の力は、秩序のもとに存続してきたイエを、今度は秩序の外、つまり滅亡へと駆り立てるはたらきをしたのだと解釈できるだろう。『奇子』では人間世界において絶対のタブーである近親相姦が行われた。そのことによって、秩序が転覆され、五百年続いた天外家が滅んだのだと見ることができる。

そして奇子はどこかに去って行った。これから、奇子にとっての新しい生活がはじまる

17 吉田、『神話と近親相姦』青土社、一九九三年、三〇頁。

ことを含ませて、物語は終わる。

奇子は近親相姦という秩序を外れた力によって、秩序を転覆させ、一族を滅亡させたのだ。それは奇子の意図しないことだったが、あるいは無意識下での復讐であったのかもしれない。

ギリシア神話の呪われた家系―アガメムノンに至るまでの血筋

イエの継続と断絶の話は、ギリシアの神話にもある。それは「呪われた血筋」として出てくる。トロイ戦争で名高いアガメムノンの話だ。

トロイ戦争のギリシア軍の総大将アガメムノンの始祖は、タンタロスという。タンタロスといえば冥界で永遠の責め苦に悩まされていることで有名だ。彼はもともとゼウスをはじめ神々の寵愛を受けていたが、驕って神々を試そうとして、自らの息子ペロプスを殺してその死体を煮て、神々の食卓に載せた。神々はそれと気づいて口にしなかったが、ただデメテル女神だけが、失われた娘のことで心穏やかでなく、うっかりその肉を呑み下してしまった。神々は彼を罰し冥界の奥底に投じたが、彼はすでに神々の食糧を食べて不死の身となっていたので、死に至らせることはできなかった。そこで頭上には果実が実ってい るが彼がもぎ取ろうとすると枝は逃げ、水を飲もうとすると水が引いていく、という刑罰を与え、さらに彼の頭上にはつねに石が下げられているとされている。

殺されたペロプスの方は、神々によってその身体をつなぎ合わされて、生き返った。デメテルが食べてしまった肩の部分だけ足りなかったので、その部分だけ黄金で作られた。ペロプスは美しい少年で、ポセイドンの愛を受け、翼のある二頭立ての車を授けられた。

その頃、オイノマオスという領主にヒッポダメイアという美しい娘がいた。彼女の求婚者たちは父王との馬車での競技に負けて首を取られ続けていた。ペロプスもその競技に挑戦したが、王の馭者であるミュルティロスを買収し、王の馬車の車輪の芯をあらかじめ抜かせておいた。そして競技が始まったが、王は馬車を勢いよく走らせたときに車輪が外れて馬車から落ちて死亡した。首尾よくヒッポダメイアを妻に得て帰郷する折、ペロプスはミュルティロスを岬から海に突き落として殺した。ミュルティロスはペロプスの子孫に災いあれ、と祈りながら死んだ。

ペロプスの子の代に、ミュルティロスの呪いが現われはじめた。ペロプスとヒッポダメイアとの間にはアトレウスとテュエステスの二人の息子と、ほか数人の娘がいた。アトレウスはアエロペを妻としていた。ところがアトレウスはアルテミス女神との約束を違えたためその怒りを買い、そのためかアエロペは義弟であるテュエステスと通じるようになった。そしてアルテミスからアトレウスに授けられた黄金の羊をテュエステスに与えてしまった。この羊を持つ者がミュケナイの王となる、と神託が下っていたからである。ところがアトレウスにはゼウス大神がついていた。ゼウスが太陽を東に沈めたことで、テュエステスの企てが邪であることが証明され、アトレウスは彼を国外に追放し、自身がミュケナイの王となった。

アトレウスは妻の不義と弟の野心を憎んでいた。そこで弟と和解するように見せかけて呼び戻した。テュエステスは他の女から生まれた三人の子を連れて帰郷した。アトレウスは饗宴を張ったが、その三子を殺し、その一部を残し、他の部分を煮て食卓に載せた。父が子の肉を十分に喰らったところで、子の残された身体の部分を見せて、再び国外に追放した。

報復の念から、テュエステスは自らの娘によって一子アイギストスをもうけた。

アトレウスの子がアガメムノンである。妻にクリュタイムネストラがいた。アガメムノンが総大将としてトロイ戦争で戦い、ようやく帰郷すると、アイギストスと姦通していたクリュタイムネストラが夫を浴室内で刺殺した。そのクリュタイムネストラも、息子であるオレステスに復讐されて殺された。[18]

こうしてみると、タンタロスから始まってアイギストスに至るまでの一族の歴史は、血で血を洗う争いに満ちている。整理してみるとこのようになる。

タンタロスが子のペロプスを殺してその肉を神々の食卓に載せる
ペロプスがヒッポダメイアを得るためにその父を殺し、王の馭者も殺害する
馭者のミュルティィロスがペロプスの一族を呪う
アエロペの義弟との姦通
アトレウスがテュエステスに、彼の子の肉を食べさせる
テュエステスは復讐のため娘と近親相姦してアイギストスをもうける
アトレウスの子アガメムノンがアイギストスと姦通した妻に殺される

18　呉茂一『新装版　ギリシア神話』新潮社、四四六〜四五五頁を参照した。

その妻クリュタイムネストラは子のオレステテスに殺される

ここで特徴的なのは、「子供の肉を食膳に供する」モチーフである。タンタロスの子ペロプスと、テュエステスの子供たちだ。タンタロスの場合は神々の怒りを買い、テュエステテスの時は、神々もその恐ろしい行いに眉をひそめたという。子の殺害とその肉の摂取は、父にとってはイエの継続を危うくする恐るべき復讐であっただろう。テュエステテスの娘との近親相姦は、先述の『奇子』のそれと同じ働きを物語の中で果たしている。近親相姦という秩序から外れた力によって、秩序をはるかに超えた力が発動され、それによって呪われた家系が終わるのである。

終章
家は生きている

家は、怖い。そのことを、本書ではさまざまな方向から検討してきた。

家は、「生み出し」（第1章）、「育み」（第2章）、「呑みこむ」（第3章）、という機能を普遍的にもつ。そしてそれらは女性の生理的役割と重なる。そこで、特に「呑みこむ」、すなわち生命を呑みこみ、死を与える面において、家の「怖さ」が出てくることになる。家はまた閉鎖空間である（第4章）。この意味としての家では、家庭のささいな問題になんらかの悪意が加わると狂気が生じ、恐ろしい結末が待っていることがある。また閉鎖空間に永くいると、自立心が奪われていく怖さがある。

イエ、すなわち家系を存続させる場としての家には、男性がそれに縛られる。女性は多くその犠牲となるが、イエを終わらせるのもまた女性であると語られる（第5章）。

ここでは最後に、家の児童書を紹介したい。バージニア・リー・バートンの『ちいさいおうち』だ。[1]

ちいさいおうちは、田舎の静かなところに建てられた。建てた人はその家を誰にも売らず、「まごの　まごの　そのまた　まごのときまで」立派に建っているだろうと言った。ちいさいおうちは丘の上にあり、長いあいだ景色を眺めて幸せにくらしてきた。日々は変わっても、ちいさいおうちだけは変わらなかった。夜になると月を眺め、星を眺めた。遠くには町の灯りが見えた。町に住んだらどんな気持ちだろう、と、ちいさいおうちは思った。

ちいさいおうちの周りの景色は次第に変化していった。春には緑が萌え、りんごの花が咲き、子供たちが小川で遊んでいる。夏には丘がひなぎくの花で白くなり、りんごの実も熟す。子供たちは池で泳ぎ、ちいさいおうちはそれをじっと座って見ていた。秋には子供たちが学校へ行き、木の葉は黄色や赤に染まり、リンゴ摘みがはじまる。冬には丘は雪で真っ白になり、子供たちはスケートをする。リンゴの木は歳をとって新しい木に植え替えられた。何年も経ち、子供たちは大きくなって町へ出ていった。夜には、町の灯りが前よ

1　石井桃子訳、岩波書店、一九六五年、原著一九四二年。

りも近くなっていた。

ある日、自動車がやって来るようになり、ちいさいおうちは驚いた。それからしばらくして、機械を持った人たちがやって来て、測量が行われた。ちいさいおうちの前に広い道路が作られた。道の両側にはガソリンスタンドやお店が作られた。たくさんの家が建てられ、ちいさいおうちはそれらに囲まれてしまった。もう住む人もいなくなっていたが、ちいさいおうちはそこにじっと座っていた。夜になっても辺りは騒々しく、ちいさいおうちは、もうここは町になってしまったのだ、と理解した。やがてちいさいおうちの前に電車が通るようになり、高架線が行き来するようになり、地下鉄が走るようになり、両側に高層ビルが建った。ちいさいおうちはすっかりしょんぼりしていて、外観もボロボロになっていた。

ある時、男の子と女の子を連れた女の人がちいさいおうちを見て、それが自分の先祖の家であることが分かった。女の人はちいさいおうちを田舎に引っ越しさせた。そのまま、車で牽いて移動させたのだ。ちいさいおうちは、前にいたような丘の上に移された。建て替えられて、きれいに生まれ変わったちいさいおうちは、幸せだった。四季がめぐるのを楽しみに眺めることができるようになり、中に住む人の面倒を見られるようになったのだ。

この話が特徴的なのは、ちいさいおうちが完全に擬人化されていることだ。見たり聞いたり物事を感じ取ったり、喜んだり落ち込んだりする。そしてその中で、人を大切に育んできたのだ。家が、生きているものとして、表現されている。

人はどうしても家に住まねばならない。

眠り、食事をして、出かけて行って、そして帰って来る。

怖い家になるかどうかは、住む人間次第だ。

いずれであっても、家はあなたを待っていて、「おかえりなさい」と言うだろう。

あなたの家は、生きているのだから。

あとがき

前著『怖い女　怪談、ホラー、都市伝説の女の神話学』（原書房、二〇一八年）から、四年が経った。想定よりもずっと長い時間がかかってしまったが、本書はその第二弾として、『怖い女』の出版直後から構想していたものだ。こうしてようやく書き上げてみなさんの手元にお届けできることを、何より嬉しく思う。

前著から編集を担当してくださった大西奈己さんに、深謝申し上げる。大西さんの的確なご助言が本書の随所に活きている。

執筆は新型コロナウイルスによる災いのさ中であった。自宅での引きこもりが当たり前になり、体調を崩しがちであった。支えてくれたのは家族である。夫と、実家の父には本当に感謝している。

二〇二二年六月

沖田瑞穂

装画　須藤由希子《松と家》
© Yukiko Suto
装幀　原田恵都子（Harada + Harada）

沖田瑞穂（おきた　みずほ）

兵庫県生まれ。学習院大学大学院人文科学研究科博士後期課程修了。博士(日本語日本文学)。神話学研究所を主宰。専門はインド神話、比較神話。おもな著書に『怖い女』(原書房)、『マハーバーラタ入門』(勉誠出版)、『世界の神話』(岩波ジュニア新書)、『インド神話』(岩波少年文庫)、『マハーバーラタ、聖性と戦闘と豊穣』(みずき書林)、『すごい神話』（新潮選書）などがある。

怖《こわ》い家《いえ》
伝承《でんしょう》、怪談《かいだん》、ホラーの中《なか》の家《いえ》の神話学《しんわがく》

2022年 8 月20日　第1刷

著者　沖田瑞穂《おきたみずほ》

発行者　成瀬雅人
発行所　株式会社原書房
〒160-0022 東京都新宿区新宿 1-25-13
電話・代表　03(3354)0685
http://www.harashobo.co.jp/
振替・00150-6-151594
印刷　新灯印刷株式会社
製本　東京美術紙工協業組合

ISBN 978-4-562-07202-6 printed in Japan